子どもの発達から考える
運動指導法

体力と運動能力を伸ばすプログラム

新田　收
首都大学東京大学院
人間健康科学研究科教授

松田　雅弘
城西国際大学福祉総合学部
理学療法学科准教授

楠本　泰士
東京工科大学医療保健学部
理学療法学科講師

注意：すべての学問と同様，医学も絶え間なく進歩しています。研究や臨床的経験によって我々の知識が広がるにしたがい，方法などについて修正が必要となる場合もあります。このことは，本書で扱われているテーマについても同様です。

　本書では，発刊された時点での知識水準に対応するよう，著者や出版社はできるかぎり注意をはらいました。しかし，過誤および医学上の変更の可能性を考え，著者，出版社，および本書の出版にかかわったすべてのものが，本書の情報がすべての面で正確，あるいは完全であることを保証できませんし，本書の情報を使用したいかなる結果，過誤および遺漏の責任についても負うことができません。本書を利用する方は，注意深く読み，場合によっては専門家の指導によって，ここで書かれていることがらが逸脱していないかどうか注意してください。本書を読まれた方が何か不確かさや誤りに気づかれた場合，ぜひ出版社に連絡をくださるようお願いいたします。

序　文

　最近，子どもの体に関して，様々な問題がマスコミなどで取り上げられることが多い。こうした問題をみてみると，一面的にとらえることが困難である。例えば，多く指摘される点としては，子どもの運動不足がある。理由は一様ではない。住宅環境の変化から，子どもが屋外で遊ぶことのできる場が減少しているとの指摘がある。また，ゲームなどの普及により，屋外で体を使って遊ぶよりも，屋内で多くの時間を過ごすようになってきている。塾通いなどに時間をとられ，外遊びの時間が十分にとれていないといった報告もある。こうした子どもの運動不足といった状況の結果として，体力の低下，運動能力の低下，骨折しやすいなどの問題が引き起こされている。このような側面は，比較的取り上げられることも多く，理解しやすい。ところが，同じ子どもの問題点として，過激な運動により体を壊してしまうような例も報告されている。サッカー，野球，あるいはクラシックバレエなど，限定された運動を繰り返すうちに，疲労骨折などを引き起こしてしまうような例である。

　一方，運動が非常に不器用で，体育の授業で行う簡単な動作もこなすことが困難な子どももみられる。「発達性協調運動障害」といわれる子どもたちである。いわゆる「発達障害」に分類される診断名である。彼らの運動は，平均的な同年齢の子どもの平均値を逸脱し，日常生活においても困難を感じることもある。発達性協調運動障害の認知度はまだ低く，体育の授業において，特別な配慮を得られず，置き去りにされてしまうこともある。発達障害は増加傾向にあるとされており，現在見逃せない状況にある。

　一口に子どもの運動といっても，様々な問題が混在している。問題には，運動の不足と過剰な運動という全く逆の要素が含まれる。また，発達障害という，一見把握しにくく，それでいて一部の機能が極端に遅れているといった問題も含まれている。

　子どもは成長の過程にあり，どのような対応が必要か，慎重に配慮する必要がある。個々に機能も，思考も，環境も異なっている。この時期，子どもは大きく変化し，その後の運動の基礎を構築する重要な期間である。この時期に生じた問題点は，対応の仕方により悪い方向へ進む可能性もある。指導する側は，個々の子どもを的確に把握し，適切なプログラムを提供する必要がある。そのことで，子どもの運動発達を最大限に引き出すことが可能である。

　本書は，子どもの運動に関して，「運動に必要な要素」「運動の問題点」「運動機能のチェックポイント」「運動指導法」に分けて説明した。子どもの運動指導プログラム立案を前提に，

運動の要素と問題点を解説し，これを踏まえた評価方法，運動チェックの方法を示した。最後に，具体的な指導方法を，運動要素と関連付けて詳細に述べた。子どもの資質を理解し，プログラム立案に直接的に役に立つ構成を心がけた。

　著者一同，本書が子どもの運動指導の一助となり，発達段階の問題点の解決の糸口になることを希望する。

2018 年 4 月

著者を代表して

新田　收

目　次

第 1 章　運動に必要な要素　　1

1-1　運動発達 ……………………………………………………………………1
　　　1-1-1　姿勢制御 ………………………………………………………1
　　　1-1-2　クローズドループ制御による運動発達 ……………………2
　　　1-1-3　オープンループ制御による運動 ……………………………7

1-2　体幹の安定性 ………………………………………………………………9
　　　1-2-1　体幹を支える筋 ………………………………………………9
　　　1-2-2　グローバル筋（表在筋） ……………………………………10
　　　1-2-3　ローカル筋（深部筋） ………………………………………12
　　　1-2-4　筋の生理学的特性 ……………………………………………12
　　　1-2-5　筋制御機構 ……………………………………………………13

1-3　感　覚 ………………………………………………………………………14
　　　1-3-1　感覚とは ………………………………………………………14

1-4　運動イメージ ………………………………………………………………18
　　　1-4-1　運動イメージとは ……………………………………………18
　　　1-4-2　運動イメージの構築課程 ……………………………………19
　　　1-4-3　運動の自己確認システム ……………………………………21

1-5　協調性 ………………………………………………………………………22
　　　1-5-1　協調性とは ……………………………………………………22
　　　1-5-2　小脳のかかわり ………………………………………………23

1-6　認　知 ………………………………………………………………………26
　　　1-6-1　認知の発達 ……………………………………………………26
　　　1-6-2　動作模倣 ………………………………………………………29

1-7　発達性協調運動障害 ………………………………………………………30
　　　1-7-1　運動に問題を抱えた子ども …………………………………30
　　　1-7-2　発達障害と発達性協調運動障害の定義 ……………………31

第 2 章　子どもの運動習慣の問題点　　35

2-1　現代の子どもと運動 ………………………………………………………35
　　　2-1-1　子どもの生活全体の変化 ……………………………………36

v

2-1-2 地域における環境の変化	38
2-1-3 学校における運動の指導	38
2-1-4 子どもの生活習慣から生じている変化	40
2-1-5 三間の減少	41

2-2 ロコモティブシンドローム（運動器症候群・運動器不安定症） ……… 42

2-3 小児の肥満・メタボリックシンドローム ……………………………… 45

2-4 過剰な運動による弊害，運動で起きる外傷・障害の特徴とその予防 ……… 49

2-4-1 部活動によるスポーツ外傷・障害 …………………………… 50

2-5 骨　折（外傷および疲労骨折） ………………………………………… 52

2-5-1 疲労骨折 ……………………………………………………… 53

2-5-2 骨折の予備群 ………………………………………………… 53

2-6 足部変形と靴 …………………………………………………………… 53

2-7 運動と心肺運動耐容能 ………………………………………………… 55

2-8 運動能力を伸ばす時期 ………………………………………………… 56

第3章　運動機能のチェックポイント　　　　　　　　　　　　61

3-1 身体計測 ………………………………………………………………… 61

3-1-1 身　長 ………………………………………………………… 61

3-1-2 体　重 ………………………………………………………… 62

3-1-3 BMI（Body Mass Index） ………………………………… 63

3-1-4 肥満傾向児・痩身傾向児の判定方法 ……………………… 64

3-2 運動機能 ………………………………………………………………… 65

3-2-1 運動器検診 …………………………………………………… 65

3-2-2 年代ごとの運動テスト ……………………………………… 65

3-3 柔軟性 …………………………………………………………………… 70

3-3-1 上　肢 ………………………………………………………… 70

3-3-2 下　肢 ………………………………………………………… 71

3-4 筋　力 …………………………………………………………………… 76

3-4-1 最大筋力 ……………………………………………………… 76

3-4-2 筋パワー ……………………………………………………… 77

3-4-3 筋持久力 ……………………………………………………… 79

3-5 速　度（スピード） …………………………………………………… 82

3-5-1 25m走（幼児の運動能力調査） ………………………… 82

3-5-2 50m走（新体力テスト） ………………………………… 83

3-6 敏捷性 …………………………………………………………………… 84

3-6-1 両足連続跳び越し（幼児の運動能力調査） …………… 84

3-6-2　反復横跳び（新体力テスト） ………………………………………… 85

3-7　協応性 …………………………………………………………………………… 87

3-7-1　ボール投げ（幼児の運動能力調査） ………………………………… 87

3-7-2　ソフトボール投げ・ハンドボール投げ（新体力テスト） ………… 88

3-7-3　捕　球（幼児の運動能力調査） ……………………………………… 89

3-8　バランス ………………………………………………………………………… 90

3-8-1　片脚立ちがふらつかず5秒以上できるか（運動器検診） ………… 90

3-9　持久力 …………………………………………………………………………… 91

3-9-1　シャトルラン（新体力テスト） ……………………………………… 91

3-10　活動性 ………………………………………………………………………… 94

3-10-1　歩　数 ………………………………………………………………… 95

3-11　視空間認知能力 ……………………………………………………………… 96

3-11-1　見る力の検査 ………………………………………………………… 96

第4章　運動指導法 　　　　　　　　　　　　　　　　　　　　　　　99

1. 上半身バランス …………………………………………………………………… 100

2. スタビリティワンハンドローイング ………………………………………… 102

3. ジムボールバランス1（立位） ………………………………………………… 104

4. ジムボールバランス2（臥位） ………………………………………………… 106

5. ジムボールバランス3（座位） ………………………………………………… 108

6. ジムボールバランス4（半臥位） ……………………………………………… 110

7. バランスディスクバランス1（静的バランス） …………………………… 112

8. バランスディスクバランス2（動的バランス） …………………………… 114

9. バランスディスクバランス3（体幹の安定性） …………………………… 116

10. フラフープ ……………………………………………………………………… 118

11. 横とびのり ……………………………………………………………………… 120

12. ストレートバランスタッチ …………………………………………………… 122

13. バードドッグ …………………………………………………………………… 124

14. ボールキャッチ ………………………………………………………………… 126

15. ジャンプタッチ ………………………………………………………………… 128

16. ヘキサゴンジャンプ …………………………………………………………… 130

17. 腕立てジャンプ ………………………………………………………………… 132

18. ラダートレーニング …………………………………………………………… 134

19. まねっこ運動 …………………………………………………………………… 136

20. 2つのボールドリブル ………………………………………………………… 138

21. バランスディスクトレーニング ……………………………………………… 140

22.	テニスボール投げ	142
23.	ドリブル	144
24.	ボールタッチ	146
25.	飛行機	148
26.	手押し車	150
27.	ストレッチ1：体幹	152
28.	ストレッチ2：大腿前面	154
29.	ストレッチ3：背中	156
30.	ストレッチ4：大腿外側面	158
31.	ストレッチ5：大腿後面	160
32.	股関節の柔軟運動1	162
33.	股関節の柔軟運動2	164
34.	股関節の柔軟運動3	166
35.	足首の柔軟運動	168
36.	脊柱の伸展運動	170
37.	背骨体操	172
38.	体幹の回旋運動	174
39.	フロントランジ	176
40.	縄跳び	178
41.	ヘッドボールバランス	180
42.	人から人への動作模倣	182
43.	鏡を使った動作模倣	184
44.	風　船	186
45.	押すだけ相撲，背面相撲	188
46.	足指運動	190
47.	バランススクワット	192
48.	サイドブリッジ	194
49.	スクワットジャンプ（カウンタームーブメントジャンプ)	196
50.	リズミカルサイドステップ	198
51.	ライオン運動	200
52.	ニージャンプ	202
53.	クモ人間運動	204
54.	モンキーウォーク	206

索　引	209

1 運動に必要な要素

1-1 運動発達

1-1-1 姿勢制御

運動とは，「姿勢が時間経過の中で連続的に変化すること」と定義される。人の身体は，重力の影響を受ける空間において，姿勢が制御されていなければ転倒し，随意的な運動は遂行されない。空間における姿勢保持が，運動の基礎となっている。身体は多くの関節によって連結されており，これらを制御して姿勢を保つことは容易ではない。姿勢制御は，このように多くの関節や全身の筋が協調して，素早く反応する必要がある。この反応は，自動制御機構により行われるものであり，人は通常姿勢制御を意識することはない。意識的な筋の操作では，時間的に追いつかず，姿勢は保持できない。

姿勢保持は，静的姿勢制御と動的姿勢制御に分けて理解することができる。静的姿勢制御は，座位，立位などの姿勢を，大きな全身運動を行うことなく維持するための姿勢制御である。座位保持しながら上肢作業をするような場合も，静的姿勢制御の基礎の上に，上肢の運動が加わっていると解釈される。動的姿勢制御は，歩行，走行，跳躍など，姿勢変化に伴って起こる，バランス変化に対応するものである。走行しながら，素早く動くボールを蹴るなどの動作は，動的姿勢制御なしには遂行できない。

これらの姿勢制御には，2つの制御システムが存在する。クローズドループとオープンループである。人は姿勢制御のために，複数の感覚を持っている。前庭感覚，視覚，そして体性感覚である。姿勢制御は，これらの感覚器からの情報を一旦中枢に伝達し，解釈，整理した後に，末梢の運動器（筋）を協調して活動させる。つまり，感覚器，中枢，運動器のループとなっており，この連続した関係をクローズドループと呼ぶ。末梢の感覚器から姿勢に関する情報を中枢神経へ伝達する部分が，姿勢制御におけるフィードバック機構となる。これに連続して，中枢から末梢へ遠心性神経線維が形成されている。クローズドループ制御は，フィードバック制御とも呼ばれる。

クローズドループ制御は，静的な姿勢の保持，速度の遅い動きに応じた姿勢の制御方法と考えられている。フィードバックが姿勢保持に重要な役割を果たすことは明らかである。しかし，フィードバック制御に最低限のわずかな処理時間を必要とするため，外乱から肢位変化へ，わずかな遅延が起きる。このために，速い動きに伴う姿勢保持には対応できない。乳児が初めて立ち上がる時，あるいは子どもが初めて歩行を取得しようとする場合などは，フィードバック制御が全面的にかかわっていることは間違いない。その後，動作に習熟するにしたがい，末梢からのフィードバックなしに運動器が反応するようになる。この反応は，動作にしたがい，次の瞬間に姿勢に何が起きるのかを予測し，運動器が活動していると考えられる。この制御システムを，閉じられたループが形成

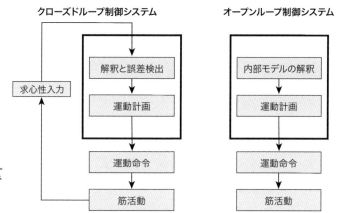

図1-1 クローズドループ制御システムとオープンループ制御システム
（文献1より引用）

されていないという意味から，オープンループ制御と呼ぶ（**図1-1**)[1]。また，姿勢の変化を予測して制御するという意味合いで，フィードフォワード制御と呼ぶこともできる。

オープンループ制御は，運動経験やトレーニングによって形成される運動プログラムの蓄積により可能となる．運動プログラムの蓄積には，小脳が関与している．運動は感覚のフィードバックなしに行われる．ここで行われる一連の運動プログラムは意識されることはない．

例として，幼児が初めてサッカーボールを蹴る動作を行う時，姿勢は変化させず，足先だけを使い，ボールを前へ押し出す．動作は不安定で，動作の途中でたびたび運動の微調整を必要とする．この状態はクローズドループ制御による．動きに合わせて全身の筋が協調して活動する必要がある．感覚フィードバックにより体幹および四肢の筋活動は調節される．このように，クローズドループ制御では，一定以上の速さでは運動することができない．同じ動作を繰り返し経験すると，一連の姿勢変化に伴う筋活動が，運動プログラムとして小脳に蓄積される．運動プログラムが形成されると，感覚フィードバックを遮断した状態でも動作が遂行可能となる．フィードバックを必要としなくなると，運動はよりスムーズで敏速に遂行可能となる．これがオープンループ制御である．

1-1-2　クローズドループ制御による運動発達
1-1-2-1　姿勢反射

生後約1年間は，中枢神経系の成熟過程に伴い，さまざまな反射が出現し統合される．統合されるとは，下位の反射がより高度な反射により抑制される状態といえる．姿勢反射は，無意識に姿勢を制御するための運動プログラムと解釈できる．姿勢反射には，下位の比較的単純な反射プログラムが存在するとともに，これらの上に，より高度で複雑なプログラムが存在する．新生児は，生後約12ヵ月の間に，脳神経の成熟に伴い，下位の反射プログラムによって四肢・体幹が制御されている状態から，高度な反射による制御へと変化する．これらの反射プログラムは姿勢反射と呼ばれる．

姿勢反射はさまざまな反射・反応を含む広い概念であり，いくつかのグループに分けて解釈できる．下位の反射プログラムは，原始反射（primitive reflex）と呼ばれる．これは，出生後早期に出現し，やがて表面的には観察されなくなる反射である．一定の時期が来るとより高いレベルの

反射によって統合され，反射は抑制され，観察され難くなる。高度な反射プログラムには，立ち直り反応 (righting reaction) と，平衡反応 (equilibrium reactions) があり，生後中枢神経の成熟に伴い完成され，生涯人の姿勢制御の基本システムとなる（**図 1-2**）[2]。

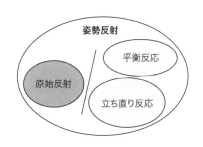

図 1-2　姿勢反射の分類
（文献 2 より引用）

1-1-2-2　原始反射 (primitive reflex)

出生後早期に出現し，やがて表面的には観察されなくなる反射。以下に代表的な原始反射を示す。

■陽性支持反応 (positive supporting reaction)

足底あるいは足趾に対する圧刺激により支持反応が生じると，屈筋群，伸筋群の両方に同時収縮が起こることにより，関節が強く固定される。

■緊張性迷路反射 (tonic labyrinthine reflex)

臥位で検査する。刺激は腹臥位，背臥位の姿勢そのものである。反応としては，腹臥位では四肢および頸部，体幹の屈筋の緊張が高まり，背臥位では逆に伸筋の緊張が高まるとされている。

■非対称性緊張性頸反射 (asymmetrical tonic neck reflex)

背臥位で検査し，頭部を体幹に対して回旋させた時の上下肢の状態を観察する。顔面側上下肢が伸展し後頭部側上下肢が屈曲する。

■対称性緊張性頸反射 (symmetrical tonic neck reflex)

動物による実験では，四つ這い位で，頭部を挙上すると前肢を伸展し後肢を屈曲する姿勢となり，逆に頸部を前屈すると前肢を屈曲し後肢を伸展する姿勢が誘発されるとしている。人の場合は，頸部を前屈すると四肢の屈筋が促通され，頭部を後屈すると四肢の伸筋が促通される。

■足底把握反射 (foot grasp reflex, plantar grasp reflex)

対象児の足裏を検者の母指で圧迫すると，足趾はあたかも目的物を把握するように屈曲する。

1-1-2-3　立ち直り反応 (righting reaction)

空間において頭部を正常な位置に保つように反応する。人の場合，頭部の正しい位置とは垂直となり口裂が水平となる状態であり，重力下において，平衡は前庭感覚，視覚，体性感覚からの情報により確認される。特に重要な情報は前庭感覚と視覚による。前庭感覚のセンサーである迷路，および視覚のセンサーである眼球は頭部に存在する。これらのセンサーが確実に平衡に関する情報を

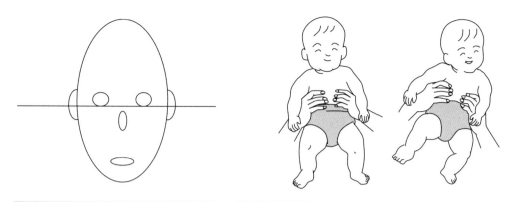

図 1-3 立ち直り反応における頭部の状態
（文献3より引用）

図 1-4 空間での頭部の立ち直り反応
（文献4より引用）

得るために，頭部がまず3次元空間において安定することが必要となる。立ち直り反応は，3次元空間における頭部の位置を安定させるために働く。この反応が欠如すると空間で頭部を垂直に保つことができない（**図 1-3**）[3]。

■空間での頭部の立ち直り反応（head righting reaction）

迷路性の頭部の立ち直り反応（labyrinthine head righting reaction）と視覚性立ち直り反応（optical righting reaction）の2種類に分けられる。

乳児の骨盤を保持して，空間に体幹，頸部垂直位とする（**図 1-4**）[4]。この姿勢から左右に体幹を傾ける。反応は，頭部を垂直に保とうとして，頸部が体幹と逆方向に側屈する。矢状面の反応では，乳児を腹臥位あるいは背臥位で空間に保持する。この時，頭部が腹臥位では後屈，背臥位では前屈して，頭部垂直位を保とうとする。

1-1-2-4　平衡反応（equilibrium reaction）

座位，立位などにおいてバランスが崩れた時に，姿勢保持のために反応する。例えば，立位において後方から外力が加わると，下腿三頭筋に収縮が起こり，つま先立ちになって重心線を前足部に移し，転倒を防ごうとする。また，前方からの外力では足趾背屈，足関節背屈が起こり，重心線を後方に移す。さらに側方からの外力では，外力が加わった側の反対側の下肢への体重移動が起こる。この時，体重が移動した側の足関節は内反し，足部の外側部で体重を受け，転倒を防ごうとする。外力が大きく，さらにバランスが崩れた時は，四肢を踏み出して転倒を防ぐ。反応は臥位，座位でも観察される。バランスが崩れた時に肢位を変化させることで，基底面外に重心線が外れることを妨げ，これにより転倒を防ぐ反応と定義される。なお，平衡反応は座位，立位など姿勢ごとに定義される。

平衡反応における感覚は，立ち直り反応と同様に前庭感覚，視覚，体性感覚である。もちろん，前庭感覚と視覚が姿勢保持に重要であることに違いはない。しかし，体性感覚も姿勢保持に大きな役割を果たしている。特に足底の圧覚と足関節底屈筋・背屈筋固有受容器は，体重心が基底面のど

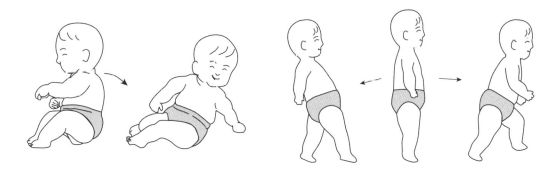

図1-5 後方保護伸展反応
（文献4より引用）

図1-6 前・後方立位平衡反応
（文献4より引用）

の位置に落ちているかのセンサーとなっている．冷却などで足部の感覚の感度を低下させると，立位バランスが低下する．逆に，突起のついた床面などで足部への刺激量を増加させると，立位バランス，歩行の安定性が向上する．

■側方保護伸展反応（sideways parachute reaction）
　座位をとらせ側方（左右）に傾けた時の上肢の状態を観察する．反応は，傾いた方向の床面に上肢が伸展し，転倒を避けようとする．この反応は，座位の保持が可能となるために必要な反応とされている．

■前方保護伸展反応（forward parachute reaction）
　座位をとらせ前方に傾けた時の上肢の状態を観察する．反応は，前方に上肢が伸展し転倒を避けようとする．

■後方保護伸展反応（backward parachute reaction）
　座位をとらせ後方に傾けた時の上肢の状態を観察する．反応は，後方の床面に上肢が伸展し転倒を避けようとする（図1-5）[4]．

■前方立位平衡反応（forward equilibrium reaction in standing position）
　両下肢に体重を負荷して立位に保持し前方に傾けた時に，下肢が外乱に反応し，1歩踏み出し，転倒を避ける（図1-6）[4]．

■後方立位平衡反応（backward equilibrium reaction in standing position）
　両下肢に体重を負荷して立位に保持し後方に傾けた時に，下肢が外乱に反応し，1歩踏み出し，転倒を避ける（図1-6）[4]．

■側方立位平衡反応（sideways equilibrium reactions in standing position）
　側方からの外乱に対する反応。

1-1-2-5　指標となる運動発達と姿勢反射

1）定頸（3ヵ月）
　定頸には空間での頭部の立ち直り反応の獲得が必要である。頭部の立ち直り反応は2〜3ヵ月で出現し，生涯継続する。

2）寝返りができる（5ヵ月）
　寝返りには巻き戻し反応（立ち直り反応）の獲得は必要である。巻き戻し反応の評価は背臥位で実施し，頭部を一側方向へ回旋させる。陽性反応は，頸部のねじれを戻すために，肩甲帯，腰部，下肢が分節的に頭部と同方向に回転する。陰性反応は，この陽性反応が現れないか，あるいは頭部の回旋とともに丸太状に体幹が一塊に回旋する。別法として，一側下肢を屈曲して体幹を横切り他側へ誘導し，骨盤を回旋させる方法がある。反応は体幹，頸部が分節的に回旋する。4ヵ月で出現し，生涯継続する。

3）両手を体の前について数秒座れる（6ヵ月）
　前方保護伸展反応（平衡反応）の獲得が必要である。

4）座位のまま側方の物が取れる（8ヵ月）
　側方保護伸展反応（平衡反応）の獲得が必要である。

5）座位のまま後方の物が取れる（10ヵ月）
　後方保護伸展反応（平衡反応）の獲得が必要である。

6）つかまり立ち，伝い歩き（10〜11ヵ月）
　前方立位平衡反応（平衡反応）の獲得が必要である。

■一瞬の立位保持，数メートル以上の独歩（12ヵ月）
　後方立位平衡反応（平衡反応）が必要である。

7）安定して歩行可能（18ヵ月）

8）走行可能，両足ジャンプ可能（2歳）

9）片脚立ち可能（3歳）

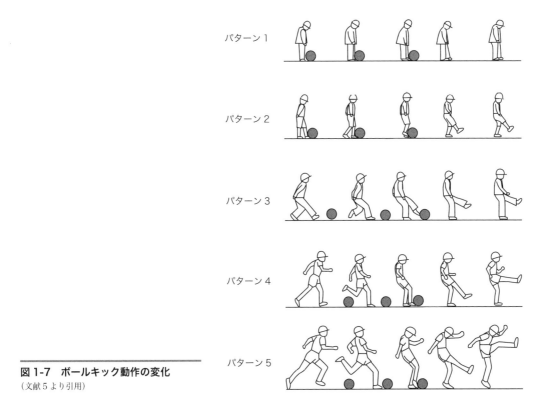

図 1-7 ボールキック動作の変化
(文献 5 より引用)

1-1-3　オープンループ制御による運動

　歩行獲得後，幼児はさまざまな運動経験を通して，重力・加速度を含む環境要因と，自身の姿勢の関係に関するデータを蓄積する。これらのデータには，前庭感覚，視覚，体性感覚からの情報が含まれており，こうした感覚情報は，全身の筋活動情報と結びついた形で整理されている。これらのデータ蓄積が進むと，感覚情報を必要とせずに，環境要因の時系列変化を予測し，筋活動制御が可能となる。この状態が，オープンループ制御である。感覚情報の分析を必要としないので，動作はより素早く制御され，動的姿勢制御に優れている。サッカーで動いているボールを走りながら蹴り返す，走りながら障害物を跳び越えるなどの動作を，バランスを崩すことなく遂行可能となるために，こうした動的姿勢制御の成熟が必要である。

　ボールを蹴るような動作は，歩行獲得後初期にも観察される。ただしこれは，静止したボールを足先で押す動作にすぎない。10歳頃になると，動くボールを走りながら蹴り返す動作も，安定して可能となる。この動作様式の変化は，オープンループ制御の成熟を示すものである。

　成熟の課程を確認する方法としては，動作パターンを観察的に分析する方法と，動作の達成度をボールの速さ，正確さ，飛距離など，量的指標で分析する方法がある。

　三宅らは，静止ボールのキック動作について以下のように分析し，ボールキック動作を5パターンに分類している[5]（**図 1-7**）。

　パターン 1：蹴り脚は，膝関節を伸展したまま，足先をボールに当てる。支持脚，体幹はほとんど動かない。

子どもの発達から考える運動指導法－体力と運動能力を伸ばすプログラム－

表 1-1　年齢別キック動作のボールスピード

年齢（歳）	性別	静止しているボール		動いているボール	
		対象数	平均（標準偏差）（m／sec）	対象数	平均（標準偏差）（m／sec）
1～3	男児	4	1.42（0.778）		
	女児	3	4.15（0.306）		
3～4	男児	8	4.50（1.848）	5	3.17（1.035）
	女児	14	3.00（1.011）	6	2.95（0.776）
4～5	男児	35	5.18（1.682）	31	4.73（1.640）
	女児	29	4.02（1.251）	23	2.97（1.432）
5～6	男児	29	7.26（1.953）	24	6.00（2.085）
	女児	27z	5.19（1.993）	22	5.21（1.746）
6～7	男児	38	9.50（2.984）	16	7.39（2.903）
	女児	35	7.64（2.980）	19	6.20（2.371）
7～8	男児	16	12.43（3.085）	13	10.41（3.005）
	女児	14	9.75（3.144）	14	5.94（2.282）
8～9	男児	21	11.25（2.345）	21	11.47（2.383）
	女児	10	11.37（3.946）	11	8.45（2.421）
9～10	男児	14	15.83（2.943）	16	11.96（2.673）
	女児	12	13.33（3.155）	12	9.28（2.635）
10～11	男児	14	13.33（3.156）	12	12.22（2.711）
	女児	12	11.88（3.167）	12	10.81（5.118）
11～12	男児	14	16.78（2.296）	15	14.63（3.465）
	女児	16	14.98（3.831）	16	13.04（3.656）

（文献 5 より引用）

　　パターン 2：蹴り脚は，膝関節を伸展したままだが，バックスイング，フォロースイングが小さ
　　　　　　　く観察される。支持脚膝関節は，軽度屈曲する。上肢は少し前に振り出す。体幹は
　　　　　　　キック時にわずかに後傾する。

　　パターン 3：蹴り脚膝関節は，バックスイング時に屈曲し，膝関節伸展により蹴る。支持脚に踏
　　　　　　　み込み動作が観察される。キック動作中，支持脚膝関節は屈曲する。上肢は前方か
　　　　　　　ら後方へ振られる。体幹はキック後に前傾する。

　　パターン 4：蹴り脚は，膝関節屈曲に伴い，股関節屈曲し，バックスイングする。その後股関節
　　　　　　　伸展運動が先行し，その後膝関節伸展し，ボールインパクトする。その後，大きく
　　　　　　　フォロースルーする。支持脚は，ボールインパクトまで膝関節屈曲し，インパクト
　　　　　　　後伸展する。上肢は，キック動作に対応し始める。体幹は，バックスイング時に後
　　　　　　　傾し，キック後に前傾する。

　　パターン 5：支持脚の大きな踏み込みから蹴り脚のフォロースルーまで，大きな動作で行われる。
　　　　　　　上肢体幹はキック動作に対応する。

　キック動作パターンは年齢とともに変化する。パターン 1 は 1～3 歳，パターン 2 は 3～4 歳，
パターン 3 は 4～5 歳，パターン 4 は 6～7 歳，パターン 5 は 9 歳以降で主に観察される[5]。

動作パターンの変化に伴い，ボールスピードなど，量的な指標の変化がみられる。年齢とボールスピードでは，3〜4歳の男児で平均4.50 m/sec，女児で3.00 m/secだが，11〜12歳の男児では平均16.78 m/sec，女児では平均14.98 m/secに変化する（**表1-1**）[5]。

1-2　体幹の安定性

1-2-1　体幹を支える筋

体幹の安定性は，姿勢制御の基礎となっている。安定性を実現するために，複数の筋が協調して働くことが必要である。中枢における制御については述べたが，体幹の安定性を物理的に担っているのは，体幹の筋である。姿勢制御は，体幹の筋が効率よく，適切に，素早く活動している状態ということでもできる。体幹筋の活動が適切でない場合，脊柱は不安定となり，姿勢が崩れる。幼児において，姿勢の悪さが指摘されることがある。座位で円背になる，あるいは机にもたれてしまうなどである。こうした姿勢は，体幹筋が適切に活動していないことが原因と解釈できる。

体幹安定化のために働く筋は，主に2つのグループに分けて整理することができる。解剖学的な配置で分類すると，「ローカル筋」と「グローバル筋」に分けられる。ローカル筋は隣接した数個の分節内に起始と停止があるのに対して，グローバル筋は起始と停止が離れている（**図1-8**）[1]。

体幹の安定性のためには，ローカル筋とグローバル筋が協調して働く必要がある。どちらか一方の働きが重要ということはできない。2つの筋群はそれぞれ異なる特性を有している。ローカル筋は，脊柱に接して存在しているか，接していなくても脊柱に近い位置に存在する。このために，脊柱に対して発揮されるモーメントは小さい。一方，グローバル筋は脊柱からの距離が離れており，脊柱に対して発揮されるモーメントが大きい。2グループの具体的な役割も異なる。ローカル筋は脊柱の硬直化に作用するので，姿勢制御において常に活動し，基本的な姿勢の安定化に貢献している。これに対して，グローバル筋は大きな力を素早く発揮することができるので，運動時の姿勢変化に対して活動し，動的に姿勢を安定化させている。

これらの分類は背部筋についてみるとわかりやすい。広背筋，腸肋筋，最長筋はグローバル筋であり，多裂筋はローカル筋である。

腹部筋では腹直筋，内・外腹斜筋はグローバル筋である。なお腹部筋に関しては，脊柱に隣接するというローカル筋の定義からは外れるが，体幹深部で脊柱の静的安定性に関与する筋として，腹横筋がある。腹横筋は，腹腔の圧力を高めることで，間接的に脊柱を安定させる。グローバル筋を

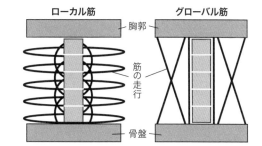

図1-8　ローカル筋とグローバル筋
ローカル筋は数個の分節内に起始と停止があり，グローバル筋は起始と停止が離れている。
（文献1より改変）

表在筋として分類することもできる。つまり，体幹表層に存在する，比較的大型の筋である。これに対して，ローカル筋は深部筋に分類される，より深部に存在する小型の筋である。腹横筋は，深部筋に分類される。以下に主な筋を示す。

1-2-2　グローバル筋（表在筋）
1-2-2-1　背部筋
■広背筋（latissimus dorsi）
　第6〜12胸椎，第1〜5腰椎および仙椎棘突起，棘上靭帯，第9〜12肋骨，腸骨稜，胸腰筋膜から起こり，上腕骨小結節稜に停止する。本来，肩関節の伸展と内転に作用するが，荷物持ち上げ作業時には体幹安定化に働く（**図1-9**）[6]。

■腸肋筋（iliocostalis）（**図1-10**）[6]
　腸肋筋はさらに頸腸肋筋（iliocostalis cervicis），胸腸肋筋（iliocostalis thoracis），腰腸肋筋（iliocostalis lumborum）に分かれる。
- **頸腸肋筋**：第3〜6肋骨から起こり，第3〜6頸椎に停止する。
- **胸腸肋筋**：下位肋骨から起こり，上位肋骨と第7頸椎に停止する。
- **腰腸肋筋**：腸骨および仙骨から起こり，第4〜12肋骨に停止する。

■最長筋（longissimus）
　最長筋はさらに頭最長筋（longissimus capitis），頸最長筋（longissimus cervicis），胸最長筋（longissimus thoracis ）に分かれる。
- **頭最長筋**：第4頸椎〜第6胸椎横突起から起こり，乳様突起に停止する。
- **頸最長筋**：第1〜6胸椎横突起から起こり，第2〜6頸椎横突起後結節に停止する。
- **胸最長筋**：腸骨と腰椎棘突起から起こり，外側腱列は腰椎肋骨突起と第3以下の肋骨に停止する。内側腱列は胸椎と腰椎副突起に停止する。

1-2-2-2　腹部筋
■腹直筋（rectus abdominis）
　第5〜7肋軟骨および剣状突起から起こり，恥骨結合および恥骨結節に停止する（**図1-11**）[6]。

■外腹斜筋（obliquus externus abdominis）
　第6〜12肋骨外側面から起こり，白線，恥骨結合前面および鼠径靭帯に停止する。

■内腹斜筋（obliquus internus abdominis）
　腰背筋膜深葉，腸骨稜中間線および鼠径靭帯外側に起こり，第11，12肋骨および腹直筋鞘に停止する（**図1-12**）[6]。

第1章 運動に必要な要素

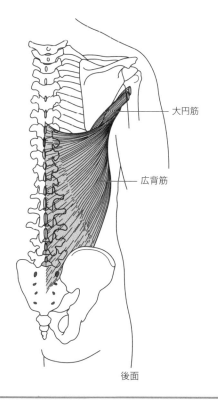

図1-9 広背筋
(文献6より引用)

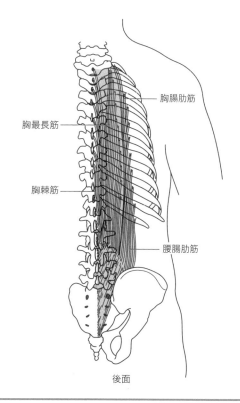

図1-10 脊柱起立筋
(文献6より引用)

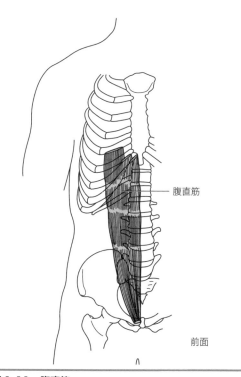

図1-11 腹直筋
(文献6より引用)

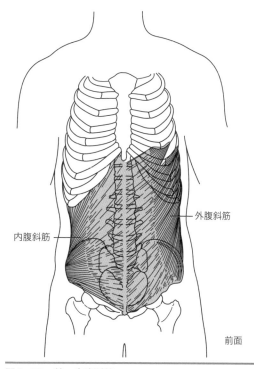

図1-12 外・内腹斜筋
(文献6より引用)

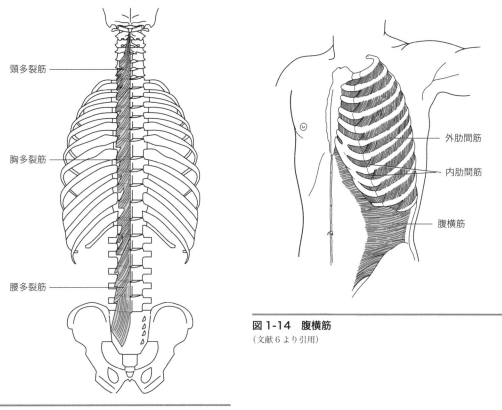

図 1-13　多裂筋
(文献 7 より引用)

図 1-14　腹横筋
(文献 6 より引用)

1-2-3　ローカル筋（深部筋）
1-2-3-1　背部筋
■**多裂筋（multifidi）**
　仙骨後面，腰椎乳頭突起，胸椎横突起，第 4，5 頸椎関節突起から起こり，2〜4 個の椎骨を越えて腰椎以上軸椎までの棘突起に停止する（**図 1-13**）[7]。

1-2-3-2　腹部筋
■**腹横筋（transversus abdominis）**
　鼠径靱帯，腸骨稜，胸腰筋膜および第 7〜12 肋骨から起こり，白線，恥骨稜および恥骨櫛に停止する（**図 1-14**）[6]。

1-2-4　筋の生理学的特性
　骨格筋の筋線維は，収縮特性や代謝特性の異なる筋線維タイプが存在する。組織学的，組織化学的，あるいは生理学的な差異により，赤筋と白筋，遅筋と速筋，あるいはタイプⅠ線維とタイプⅡ線維に分類されている。タイプⅠ線維は，直径が細く，収縮時間が長いことから遅筋（slow muscle），あるいはその色から赤筋（red muscle）と呼ばれる。タイプⅡ線維は，直径が太く，

収縮時間が短いことから速筋（fast muscle, quick muscle, phasic muscle），色からは白筋（white muscle）と呼ばれる。タイプⅠ線維（遅筋線維，赤筋）は，ミトコンドリアが大きく発達し数も多く，酸化酵素活性が高い。ミオグロビン含有量が多く，赤味（ミオグロビンの色）を帯びてみえる。毛細血管の分布が多く酸素の獲得に有利であり，有酸素系エネルギー供給過程に有利である。このため，静的姿勢保持筋など持続的な収縮が必要な筋に多い。なお，有酸素系エネルギー供給過程は，筋細胞のミトコンドリアの中で行われ，筋に十分酸素を供給することができるような状態では，グリコーゲンは乳酸にならずにクエン酸回路（TCA回路，クレブス回路）に入り，二酸化炭素と水とに完全に分解される。

これに対して，タイプⅡ線維（速筋線維，白筋）は，筋小胞体が大きく発達していることから，速やかに大きな力発揮がなされ，収縮速度も速い。解糖系酵素活性が高く細胞内のグリコーゲン貯留も多い。このため，無酸素系エネルギー供給過程による作動に適している。

発生学的には，胎生20週頃タイプⅠ線維が出現し，30週頃からタイプⅡ線維が現れ始める。筋線維の大きさは新生児から成人の間に約3倍となるが，筋線維数は出生時までに増殖を完了させ，その後は基本的に増殖することはない[8]。

静的姿勢保持に関しては，持続的に安定して活動する必要がある。このために，タイプⅠ線維が主体となる。これに対して，動的に瞬間的な姿勢保持には，タイプⅡ線維の活動が必要である。体幹筋についてみると，グローバル筋ではタイプⅡ線維が主体となり，ローカル筋ではタイプⅠ線維が主体となる。ただし，人の各筋では2つの筋線維タイプが混在しており，含まれる筋線維タイプの割合の問題である。また個々人において，筋線維タイプの割合が異なり，これが各人のスポーツ特性に反映される。

1-2-5 筋制御機構

動作時には，これに応じて複数の筋が協調して活動しなければ，脊柱は安定しない。この時，中

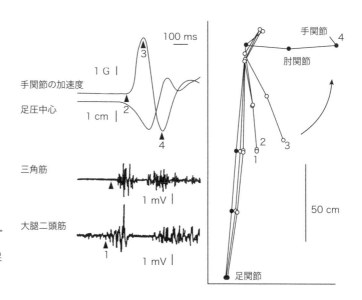

図1-15　オープンループ制御
上肢挙上に伴う手関節の加速度，足圧中心と筋電図の変化を示す。
（文献9より引用）

枢性神経制御が重要な役割を果たす。前述したが，中枢性姿勢制御機構には，クローズドループ制御と，オープンループ制御が存在する。クローズドループ制御は運動感覚のフィードバックを必要とし，ゆっくりとした動作に対応して働く。素早い動作では，クローズドループ制御では変化に対応することができず，オープンループ制御が必要となる。オープンループ制御は動作を予想し，体幹筋を活動させて重心の変化に備えるため，素早い動作に適応可能である。図1-15[9]は，上肢動作に伴う下肢の筋活動を示したものである。大腿二頭筋が動作に先立って活動している。オープンループ制御には，あらかじめ姿勢制御プログラムが用意されている必要がある。制御プログラムは，運動経験により蓄積された運動感覚からのフィードバックと，これに対する反応としての筋活動パターンに基づいて構築される。このため，オープンループ制御が素早い動作に対して的確に働き，脊柱の安定性を保ち続けるためには，感覚器官が正常に機能し，適正なフィードバックがなされていることを前提とした，多くの運動経験が必要である。

1-3　感　覚

1-3-1　感覚とは

感覚は，体性感覚，内臓感覚，特殊感覚に大きく分けられる。内臓感覚は内臓に分布した神経に由来し，内臓の状態を感知する。特殊感覚は前庭感覚，味覚，嗅覚，聴覚，視覚であり，脳神経支配の感覚器に由来する。

体性感覚受容器は全身に分布し，身の回りの環境に関する情報や，個体自身の体幹や四肢の状態を感知する。狭義の身体感覚に相当し，「身体の表層組織（皮膚や粘膜）や，深部組織（筋，腱，骨膜，関節包，靱帯）にある受容器が刺激されて生じる感覚」とされている[10]。体性感覚は，受容器が分布する場所により，表在感覚と深部感覚に分けることができる。

1-3-1-1　表在感覚

表在感覚には触覚，痛覚，温度覚，圧覚などが含まれる。受容器はパチニ小体，マイスナー小体，毛包受容体，ルフィニ終末，メルケル細胞，触覚盤，自由神経終末などであり，それぞれ順応の速さ，主に反応する刺激などが異なる。

■パチニ小体（Pacinian corpuscle）

皮膚の比較的深部に分布する。順応が速く，刺激閾値が低い。高頻度の振動，触覚に反応する。

■マイスナー小体（Meissner's corpuscle）

皮膚の表層に分布する。順応は比較的速い。触覚に反応する。

■毛包受容体（hair-follicle receptor）

皮膚の表層に分布する。順応は比較的速い。体毛の動きに反応し，触覚の受容器となっている。

第1章　運動に必要な要素

■ルフィニ終末（Ruffini ending）

皮膚の比較的深部に分布する。順応は遅く，持続的皮膚変化に反応し，伸張刺激の受容器となっている。

■メルケル細胞（Merkel's cell）

皮膚の表面に分布する。順応は遅い。持続的皮膚変化に反応し，圧刺激の受容器となっている。

■触覚盤（tactile disk）

皮膚の表面に分布する。順応は遅い。持続的皮膚変化に反応し，圧刺激の受容器となっている。

■自由神経終末（free nerve ending）

皮膚の表面に分布する。触覚，温覚，痛覚の受容器となっている。

触覚とは「触れた」「押された」といった感覚である。この感覚はさらに「粗大な触覚」と「識別性触覚」に分けられる。「粗大な触覚」は，何かが触れていることはわかるが，触れている部位や触れているものの形状がはっきりしない感覚である。「識別性触覚」は触れている物体の形状が認識できる精密な感覚である[11]。

伸張刺激は，関節運動があった時，関節周囲の皮膚が伸張される状態を感知する。この情報は，中枢にフィードバックされ，四肢・体幹の状態を知るうえでの手がかりの1つとなる。

圧覚受容器は全身の皮膚に分布し，外部環境からの圧力を知覚する。特に足底において，立位時の重心位置を知るうえで重要な情報を中枢へフィードバックしている。前述した姿勢制御において，平衡を感知する感覚として，視覚と前庭感覚が重要であることを述べた。姿勢制御に関しては，これらの感覚に加え，体性感覚が重要な役割を果たしている。立位保持においては，足部の圧覚により，体重心線が，足部のどの位置に落ちているかをフィードバックし，これにより姿勢制御を行っている。

1-3-1-2　深部感覚

深部感覚は，固有感覚（proprioception）とほぼ同義語である。筋・腱，関節包などに分布し，主に四肢・体幹の位置関係を中枢へフィードバックしている。この感覚は，運動感覚（kinesthesia, sensation of movement）とも呼ばれ，具体的には，体肢の位置（位置覚），運動（運動覚），体肢に加えられた抵抗（抵抗覚）・重量（重量覚）などを感知する。

■位置覚

身体部位の相互関係を知る感覚。関節角度などを感知することで，静的な姿勢・肢位を感知し，フィードバックする。

15

■運動覚

関節を動かした時の運動方向と速さを感じる。四肢・体幹の動きを感知し、フィードバックする。

■抵抗覚

抵抗に抗して、運動や肢位保持をする時の筋力を感じる。外部環境から身体に与えられる力を感知し、フィードバックする。

■重量覚

身体に加わる重力を感知する。

運動感覚に関係する受容器は、筋紡錘や腱紡錘、関節受容器がある。関節受容器は、関節包にルフィニ終末、靱帯に腱紡錘とパチニ小体があり、自由神経終末がある[12]。受容器について以下に示す。

■筋紡錘

骨格筋内に筋線維と平行に位置している。紡錘形の細胞群であり、構造は太い核袋線維と比較的細い核鎖線維からなる。これらの線維の中央部は求心性神経の終板となっている。線維の両端には横紋構造が存在し、γ運動ニューロン（遠心性神経）によって張力が調整されている。

筋紡錘は、筋伸張の状態を感知している。筋紡錘が置かれている骨格筋が伸張されると、筋紡錘中央部から求心性のインパルスが送られる。インパルスの量は筋の引き伸ばし力の大きさと、速さに比例している。なお、筋紡錘内の線維両端の横紋構造の収縮により、筋紡錘の感度が調整されている。

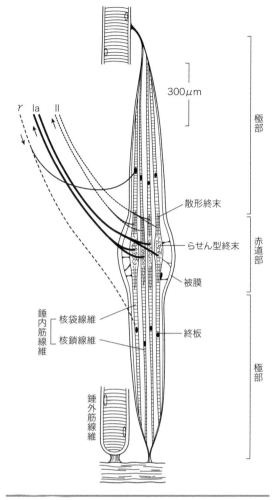

図1-16　筋紡錘
（文献13より引用）

図1-17　腱紡錘
（文献13より引用）

筋紡錘からの求心性のインパルスは、脊髄において運動ニューロンを刺激し、伸張された骨格筋が反射的に収縮する。この現象を伸張反射といい、外力によって骨格筋が破壊されてしまうことを防ぐ反射とされている（**図1-16**）[13]。

■腱紡錘（ゴルジ腱器官）

腱に存在し，骨格筋とは直列の配置となっている。腱紡錘は求心性神経線維の終板となっており，骨格筋の伸張の度合いを感知する。腱紡錘は骨格筋外部に筋と直列に配置されているので，他動，自動にかかわらず腱にかかる力の増加により反応する。腱紡錘の反応も筋および腱にかかる力によりこれらの組織の破壊を防いでおり，強い力に対して筋活動抑制を促す。また関節靱帯にも腱紡錘が存在し，関節角度変化を感知する（**図 1-17**）[13]。

■ルフィニ終末，パチニ小体などの感覚受容器

ルフィニ終末とパチニ小体は，それぞれ関節包と靱帯に分布している。これらは圧力や振動に反応する。実際はさまざまな受容器が複雑に関連し合っており，触覚と圧覚を分けることは難しい。これらの感覚は関節の位置と動きを感じるための手がかりとなる。なお，これらの受容器は皮膚にも分布しており，皮膚からの感覚も運動感覚の一部となる。

運動感覚により四肢の関節と体幹の状態をフィードバックする。このことで，閉眼状態でも自らの肢位を知ることができる。また全身の体性感覚が感じる重力負荷量を手がかりとし，空間における体の位置を認知する。重量がどのように感知されるかは，例えば立位時に体重心の変化により，足関節の底・背屈筋のどちらがストレッチされるか，あるいは足底部の前方と後方どちらに多く体重がかかるかといった情報としてフィードバックされる。

1-3-1-3 感覚の伝達経路

末梢から得られた感覚情報は脊髄後根から入り，脊髄を上行し脳へ伝えられる。脳内に伝わった感覚情報は，中心溝の後部に位置する頭頂葉の中心後回・中心傍小葉に投射される。体性感覚が最

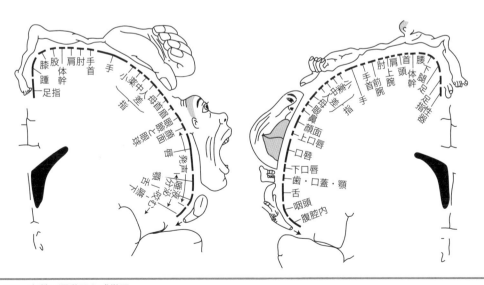

図 1-18 皮質の運動野と感覚野
大脳半球を中心溝に沿って縦に切った切断面である。
（文献 13 より引用）

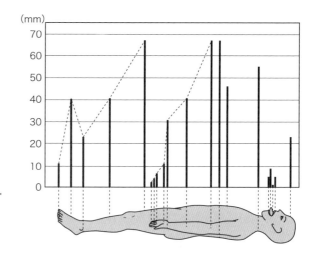

図1-19 身体の部位による2点閾値の大きさ
数値が小さいほど感覚精度が高い。
(文献13より引用)

終的に投射されるのは中心後回・中心傍小葉の一次体性感覚野であり，運動野と同様に体部位局在が存在し，投射されたニューロンを受けて，反対側の体性感覚を受け取る。体部位局在は体の表面積と大脳皮質面積が1対1の関係にはない。一次体性感覚野において，母指，舌，顔などは大きな面積を占めており，これに比べて背部は小さい（**図1-18，1-19**）[13]。一次体性感覚野の投射面積が部位により異なり，感覚精度が異なることを示している。なお，精度の高い部位は指先，手掌，舌，唇，足底などであり，これらは感覚が敏感な部位であるといえる。

上頭頂小葉に存在する体性感覚連合野（頭頂連合野）では，一次体性感覚野から入力された情報を，過去の経験と統合し，感覚情報の意義の理解を行っている。体性感覚連合野の障害は，物体が認識できない触覚失認の原因となる。

1-4 運動イメージ

1-4-1 運動イメージとは

運動の稚拙さと運動イメージの関係が指摘されている。運動イメージとは，自身の四肢・体幹の動きを視覚的心像として捉えることである。自身が今どのように四肢・体幹を動かしているか，視覚を通して確認することなく，頭の中で思い描くことである。定義としては「視覚を利用せず，運動の視覚的イメージを頭に描くこと」となる。やや理解しにくいが，人はこうしたイメージを利用して，身体を操作している。自らの全身像を視覚的に確認する方法は，鏡やビデオなど限られた手段しかない。しかし，成人は他者の動作を観察し，自らの四肢を操作し，動作を模倣することが可能である。これは，運動イメージが完成しているからである。ところで，自閉症スペクトラム障害，注意欠陥・多動性障害（attention deficit/hyperactivity disorder：AD/HD）に代表される発達障害において，運動イメージの未熟さが指摘されている。以下は，発達障害のある成人が自ら書いた文章である。

- 脚を組んで座ることがあるでしょう。ああゆう時も「まず右足を下して，それから左足を‥‥」とか確かめないで立ったりすると転びますよね。脚がこんがらがって，どっちの脚をのっけた

のか思い出せなくて。

● 子どもの頃，立膝で座ることができませんでした。なぜかというと，自分のお尻がどこにあるのかわからなくなってしまうからです。関節が接続していることが意識できず，見えていない手足は接続していないと感じます。

● 突然，身体がなくなってしまいます。この時自分なりの手順で身体を取り戻します。例えば腕の場合は，①左右に眼を動かす，②腕が見えたら肩の下に腕をつける，③肘の蝶番を曲げる[14]。

運動イメージが未熟である場合，自らの四肢操作を視覚を頼りに行おうとする。この場合，自らの四肢であっても，視野から消えてしまうとイメージすることができなくなってしまう。

人は通常であれば意識することはないが，運動イメージを手掛かりとすることで随意運動を行っている。運動イメージは，能動的な運動のイメージであるが，視覚の助けを得ない視覚的イメージを利用することで成立する。ここで扱う視覚的イメージは，受動的な体性感覚を基盤として構築されている。人は，視覚的イメージと体性感覚の結びつきを利用し，身体の状態を確認し，筋出力を調整する。この「身体の状態の確認」が「運動イメージ」である。

1-4-2　運動イメージの構築課程

運動イメージは，実際の身体運動を伴わない動作のシミュレーションと考えられる。新しい運動の習得や，運動の精度向上のために重要な役割を担っている。運動イメージは，実際に運動を実行した時と同様の可塑的な脳皮質変化をもたらすことから，学習やリハビリテーションに利用されている。

運動に関連する脳活動の連携は，以下の流れとなる。脳において運動を意図し，前頭連合野から運動の指令が出ると，補足運動野と運動前野におけるプログラム作成，小脳や基底核における調整，協調を経て，一次運動野に投射される。これを受け，一次運動野が賦活され，筋収縮の最終出力が行われる（**図1-20**）[15]。運動イメージ想起により，これら運動にかかわる脳部位が賦活されたことから，認知としての運動イメージが実際の運動と結びついていることがわかる。

運動イメージの構築は，体性感覚によるフィードバックが基礎となっている。体性感覚は常に身体受容器からの情報を整理しており，姿勢，四肢の状態，身体と環境の関係などをモニターしている。体性感覚により四肢の状態は常に中枢へフィードバックされており，この情報を基に，視覚情報に置き換えられ，運動イメージとして完成される。これにより，人は視覚情報なしに，自らの姿勢や四肢の状態を視覚的イメージとして思い浮かべることができる。なお，人は身体認知において視覚に頼る部分が大きく，視覚的イメージなしに自らの身体状況を認識することは困難である。

運動イメージは，一人称的イメージと三人称的イメージに分けて考えることができる。一人称的イメージは，筋感覚的運動イメージ（kinesthetic motor imagery）ともよばれる。三人称的イメージとは，他者の運動を見ているようなイメージであり，視覚的運動イメージ（visual motor imagery）ともよばれる。一人称的イメージが筋感覚的イメージと呼ばれる理由は，身体運動を筋収縮状態から捉えようとしているためである。しかし，一人称的イメージであっても視覚的イメージを伴っている。人は身体の状態を想起する時，視覚的イメージを用いる。一人称的イメージでは，自らの身体を自ら視覚的に確認する映像としてイメージされる。三人称的イメージは，他者の運動

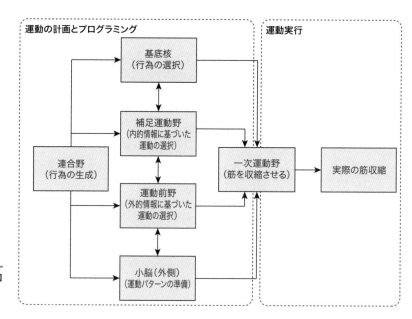

図 1-20　運動計画とプログラミング
(文献 15 より引用)

を観察するイメージなので，当然映像としてイメージされる。

　どちらの人称で認知されるかは，イメージする運動の種目にも依存することが考えられる。例えば，「目前のカップに手を伸ばす」といった課題であれば，自然に一人称的イメージとして想起される。これに対して，体操競技未経験者がバク転や後方宙返りをイメージしたとしたら，三人称的イメージでしか想起することができない。運動イメージは，過去の経験を頼りに動作映像を構築するので，運動経験がある動作は一人称となりうるが，運動経験がない動作は三人称となり，一人称にはなりえない。

　運動の一人称的イメージは，過去の運動経験から構築されるイメージであり，厳密には客観的な評価とずれていることが多い。人は自己の運動について一人称的イメージと三人称的イメージの双方を持っており，この2つのイメージの間の差が大きいほど，実際の運動は客観的には稚拙となる。人は，運動経験の中で一人称的イメージと三人称的イメージを育て，この2つのイメージをやり取りすることで，運動の精度を高めている。

　三人称的イメージ構築の最終段階は，他者の運動を自己の運動に置き換えることである。この段階では，自己の運動経験を手掛かりにする必要がある。経験のある運動であれば比較的容易であるが，経験のない運動では，パーツとしての運動を組み上げ，総体としてのイメージを構築する必要がある。

　運動イメージは，自らの身体運動に関するイメージである。しかし，自らの身体運動を三人称的に捉えること，つまり客観的に捉えることで，他者の運動と比較することも可能となる。他者の動作を模倣し，自ら動作することを「動作模倣」と呼ぶ。指導者の動きを真似して体操すること，幼児がテレビ番組を真似して踊ることなどは動作模倣である。

　普段さりげなく行っている動作模倣であるが，この行為と運動イメージは深くかかわりあっている。動作模倣は，複数の段階を経て行われる。第一に，他者の運動を観察し，これを分析する。例

えば，指導者が行う四肢の動きを観察し，左右上肢はどの順序で，どの方向に動くのか，分析記憶する。この段階は，他者を主役とした視覚的イメージとして記憶される。第二に，自身の頭の中で，自己を主役とした視覚的イメージを想起する。この段階で，運動イメージとしての自己の客観像を，三人称的イメージとして想起できることが必要となる。さらに第三段階として，想起した自己の視覚的イメージを，自己の一人称的運動イメージに置き換える。この段階で，自己の四肢運動が筋感覚的イメージとなる。この一人称的イメージを，筋出力として全身の筋にアウトプットする。動作模倣はこの手順で行われる。なお，後述するが，アウトプットによる筋活動による自己の運動が，第二段階の運動イメージと合致しているかを確認するプロセスも存在する。

このように，日常的に行われる動作模倣であるが，その過程は複雑である。幼児期，学齢期において，動作模倣は容易ではない。動作模倣がどの程度高精度で素早く行われるかが，運動能力と表裏となっている。さらにこの程度が，運動イメージの成熟を表わす指標となる。運動イメージが未熟な段階では，動作模倣は容易ではない。

1-4-3 運動の自己確認システム

脳には運動が正確に行われたかを確認するシステムが存在する。遠心性コピー（エフェレンス写：efference copy）である。一次運動野から筋に対して遠心性出力が行われることで筋が収縮し，これにより関節運動が起こる。この時筋へ出力されるのと同じ情報が脳内の照合システムへ送られる。これが遠心性コピーである。照合システムでは，体性感覚からフィードバックされた情報と，遠心性コピーの比較が行われる。つまり，一次運動野からの出力により筋収縮が起こり肢位が変化するが，この時意図通りに肢位が変化しているか，体性感覚からのフィードバック情報と比較が行われる。

体性感覚からのフィードバックは，前述した筋紡錘などの深部感覚で行われる。遠心性コピーは，運動イメージとして情報にまとめられているが，これは過去の経験により，筋収縮アウトプットがあった場合に四肢・体幹がどのように変化するかをまとめたものである。一方，体性感覚によるフィードバックは，現時点での四肢・体幹変化をセンサリングした結果となる。つまり，自己の運動は，蓄積した情報と，実際の結果の照合作業となっている。

照合の結果，誤差があれば一次体性感覚野に情報を送り，出力情報の修正が行われる。一次運動野からの出力情報は，個々の筋あるいは筋線維に対して行われるが，総体として関節運動，肢位変化，姿勢変化として捉えることが可能である。この総体としての情報が遠心性コピーであり，運動イメージである（**図1-21**）[16]。脳内の情報交換を整理すると，実際の運動では，①運動イメージの想起，②出力プログラム作成，③遠心性コピー作成である。一上肢を動かすような単純な運動で

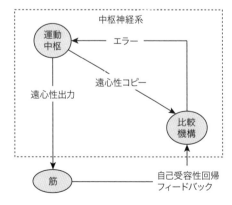

図1-21 知覚運動ループ
（文献16より引用）

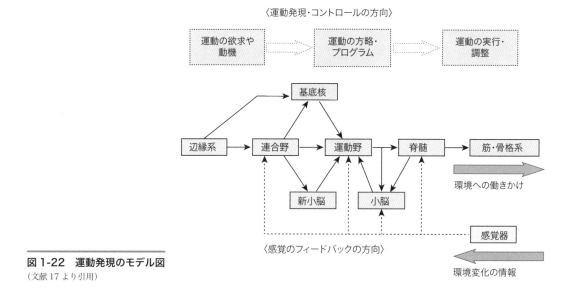

図 1-22　運動発現のモデル図
（文献 17 より引用）

あっても，多数の筋活動の協調が必要であり，出力プログラムは運動イメージに重なる情報に整理されている必要がある。

1-5　協調性

1-5-1　協調性とは

　人の円滑な運動は，複数の筋が協同し，効率的に課題を遂行する状態である。協調性とは，この円滑な運動を示す言葉である。運動にかかわる筋が適切に組み合わされ，適切な時間，適切な強さで活動し，効率的な運動が実行される時，円滑な運動が行われ，協調性があると表現される[17]。

　運動の発現は，以下の行程により実行される。まず，運動に対する欲求・動機が大脳辺縁系で形成される。これを受けて，運動方略の形成は大脳連合野，運動プログラム形成は運動野・大脳基底核・小脳で行われる。続いて，運動の実行は脊髄神経・末梢神経，筋がかかわっている。さらに，実行された運動の結果が感覚系を通してフィードバックされ，照合され，運動が修正される（**図 1-22**）[17]。照合システムに関しては，運動イメージの節で説明した。この循環システムのどこかに不具合が生じると，協調運動障害となる（**表 1-2**）[17]。協調性を部位によって分類すると，①動筋と拮抗筋の協調性，②肢節内の協調性，③肢節間の協調性，④頭部・体幹を基盤とした四肢の協調性，⑤目と手の協調性，に分けることができる（**表 1-3**）[17]。

　協調運動障害は，広義では，運動にかかわるさまざまな要素の機能不全により協調性が低下した状態を示す。一方，狭義では，小脳およびその入出力系の機能不全を示し，運動失調と同義である。

　また協調運動障害を粗大運動と微細運動に分けて捉えることもできる。粗大運動は姿勢制御に関連している。姿勢制御の不安定さが協調運動障害の要因となっている。つまり，不随意な，立ち直り反応・平衡反応による姿勢制御が大きく影響している。これに対して微細運動は，随意的な手先の制御が重要な要素であり，動筋と拮抗筋の協調性，あるいは肢節内の協調性を反映している。

第1章 運動に必要な要素

表1-2 運動発現からみた協調運動障害の原因別分類

障害部位	説明
中枢性運動麻痺によるもの	上位運動ニューロン障害による筋出力の低下,選択的運動(分離運動)の困難,筋緊張の亢進などが生じ,目的とする運動が拙劣になる状態
末梢性運動麻痺・筋力低下によるもの	末梢神経や筋の機能不全により筋力が低下した状態で,協調性に関しては個々の筋の筋力低下と動筋と拮抗筋間の筋力のアンバランスが問題となりやすい
小脳系の機能低下によるもの	運動コントロールの要を担う小脳自体およびその直後の入出力系の機能不全によるもので,協調運動障害の根幹をなす
大脳基底核系の機能低下によるもの	筋緊張の異常,不随意運動の出現,運動の開始や遂行の異常が生じ,運動の協調性が低下する状態
感覚系の機能低下によるもの	外界の状況や運動の結果の情報が中枢神経にフィードバックされないために,適切な運動の修正ができない状態
骨関節系の機能低下によるもの	関節の緩み,関節の痛みなど,筋の収縮による張力が適切に骨格系に伝達できず運動の協調性が低下する状態

(文献17より引用)

表1-3 協調運動の部位別の分類

名称(注目する関連部位)	説明
動筋と拮抗筋の協調性	関節運動を行う時の基本要素は動筋と拮抗筋の協調性である。最も基本となる協調関係で,動筋と拮抗筋の活動レベルを調節することで,運動の速さ,運動時の関節の硬さ,関節の固定位置などを調節することができる
肢節内の協調性	安定した姿勢での片手動作や片脚の運動など,一側の上肢または下肢の協調性を意味する。四肢遠位部の正確な運動には近位関節の固定性が必要になり,近位部と遠位部の役割分担に基づいた関連性が問題となる
肢節間の協調性	左右の上肢,左右の下肢,上肢と下肢の間の協調性を表わす。両手を使用する作業,歩行時の左右脚の交互運動とそれに合わせた上肢の腕振り,運転中の上肢によるハンドル操作と下肢のアクセルとブレーキの操作など,日常生活の中では多くの動作が四肢の協調性のある運動によって成り立っている
頭部・体幹を基盤とした四肢の協調性	座位や立位での作業,起居・移動動作など,四肢体幹全体の関連性が重要になる運動。特に体幹は体重の約半分を占め,骨盤帯を介して下肢と,肩甲帯を介して上肢と機能的に連結しているため,重要である
目と手の協調性	視覚で確認しつつ上肢の作業を行う場合など,目と手の関係が重要な運動。上肢のかかわる肢節内,肢節間の多くの動作において,目と手の協調性が不可欠である

(文献17より引用)

1-5-2 小脳のかかわり

　協調運動を広義に捉えるとしても,狭義に捉えるとしても,その中心には小脳がある。小脳は運動の調節制御のセンターとしての役割を持っており,小脳の不調は直接的に協調運動障害の原因となる。また,小脳へのフィードバック機構,あるいは小脳からの遠心性機能に問題があれば,小脳の調整制御が十分な役割を果たせない。このため,現象として協調運動障害を呈する。

　小脳は中央に虫部,左右に小脳半球が位置する。小脳と他の脳部位との連絡は,上小脳脚,中小脳脚,下小脳脚によって行われる。上小脳脚は中脳と,中小脳脚は橋と,下小脳脚は延髄と連絡する(図1-23)[18]。

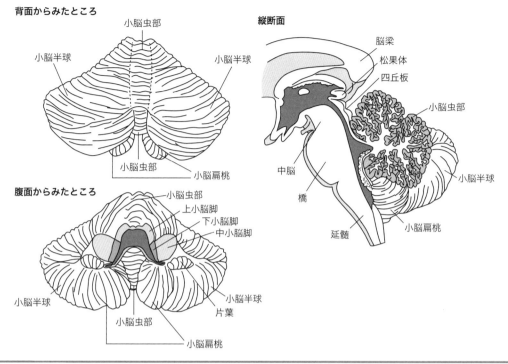

図 1-23　小脳の解剖
（文献 18 より引用）

小脳は，機能的には 3 つに分けることができる。

- **脊髄小脳**：虫部とそれに隣接する前葉と後葉の半球中間部を，脊髄小脳という。主に筋紡錘などからの体性感覚情報を，脊髄を経由して受け取り，室頂核と中位核に出力し，姿勢と運動の制御に関与している。脊髄小脳は旧小脳に分類される。
- **大脳小脳**：前葉と後葉の半球外側部は大脳小脳（橋小脳）という。反対側の運動野，感覚野，連合野などからの大脳皮質情報について橋核を経由して受け取る。そして歯状核へ出力し，ここから視床外側腹側核と中脳赤核に投射し，運動のプランニング，四肢の随意運動調整や認知，情動，言語などに関与する。大脳小脳は新小脳に分類される。
- **前庭小脳**：片葉小節葉を前庭小脳という。前庭神経を通して前庭情報を受け取る。さらに，ここからの出力により，頸部筋や眼筋を制御する運動核を制御し，平衡の維持，姿勢調整や眼球運動調整に関与する。前庭小脳は古小脳に分類される[19]。

小脳が何らかの原因で障害されると，特徴的な症状を呈する。小脳障害によって引き起こされる症状を以下に示す。

■運動失調（ataxia）

運動時に複数の筋を適正に協調させて活動することができなくなる。いわゆる運動協調不全（incoordination）であり，これが運動失調である。失調の内容は以下の通りである。

第1章 運動に必要な要素

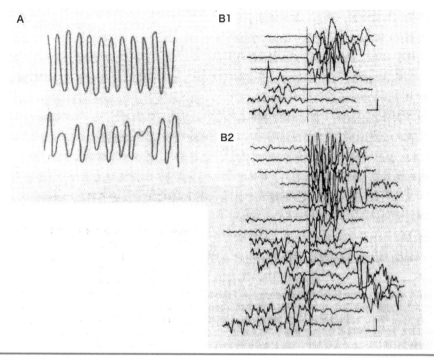

図1-24 反復拮抗運動不能
A：上肢の回内・回外試験における軌跡の図。片側小脳損傷患者からの記録で，上は正常側，下が障害側。B：肘の繰り返し屈伸運動時の二頭筋，三頭筋の筋電図。8試行を並べて表示し，二頭筋活動の開始時点でそろえてある。B1は正常対照。B2は小脳失調患者。正常では二頭筋活動に先立ち，三頭筋の活動停止がみられるが，患者では二頭筋活動開始後に三頭筋活動が抑制される。
（文献20より引用）

- **測定過大（hypermetria）と測定異常（dysmetria）**：上肢伸展位から示指を鼻尖部につけるように指示すると，行き過ぎてしまい顔にあたってしまう。スムーズな動きができない。
- **反復拮抗運動不能（adiadochokinesis）**：主動筋・拮抗筋を交互に活動させる運動，例えば前腕回内・回外を素早く行うことができない。再現性が低く，試行ごとに変動が大きい（**図1-24**）[20]。
- **運動分解（decomposition）**：複数の関節を協調的に運動させることができず，単関節運動に分解して行う。例えば，頭上の指を鼻へ動かす場合，最初に肩関節を内転・内旋させ，次に肘関節を屈曲させる。
- **速い断続運動**：四肢の直線的な動きをスムーズに行えず，突然の停止と開始を繰り返す，ガタガタした動きになる。
- **固定すべき関節の固定不良と随伴運動（adventitious movement）**：運動時固定機能が働かず，固定されるべき関節が，動くべき関節とともに動いてしまう。例えば，前腕回内・回外運動時に，固定されるべき肘関節の屈曲・伸展を伴ってしまう。
- **協働収縮不能（asynergia）**：特に離れた関節間の協調不全を指す。例えば体を後ろへ反らす場合，正常では膝関節が屈曲するが，小脳疾患では膝関節屈曲がみられない（**図1-25**）[20]。

■**筋緊張低下（hypotonia）**

受動的な動きに対して抵抗が小さい。小脳障害ではIa終末とα運動ニューロン間の単シナプス，多シナプス経路の抑制が強まっている可能性が示唆される。また，正常では小脳核細胞は 10 Hz の自発発火があり，視床を介して脊髄の運動ニューロンを促通しているが，小脳障害ではこの促通が消失することが筋緊張低下に影響していることも考えられる[20]。

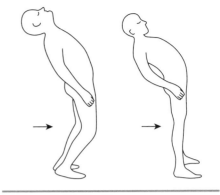

図 1-25　協働収縮不能
体を後ろへ反らす場合，正常（左）では膝関節が屈曲するが，小脳疾患（右）では膝関節屈曲がみられない。
（文献 20 より引用）

1-6　認　知

1-6-1　認知の発達

認知（cognition）は，知ることを意味するラテン語に由来する。心理学では，知識を獲得する経路である精神過程を意味する。知覚，注意，記憶，問題解決，および思考は，認知の側面を示している。認知発達とは，経験によりこれらの能力に起こる変化を指す[21]。

認知の発達を理解するうえで，ピアジェ（Piaget, J. 1896-1980）の理論を知る必要がある。ピアジェは，現代の発達心理学の基礎を築いた人物である。

ピアジェは，人の発達を以下に示す 4 つの段階に分けて整理している。

1）感覚運動期（0 歳～1 歳 6 ヵ月）

言語発達が十分でなく，感覚入力に対して運動で反応する。感覚に対する反応が，認識のための重要な道具となっている。最初は，刺激と反応が循環しており，これは新生児が持って生まれた反射として捉えられる。繰り返し反応として行為を行うことで，行為は刺激から独立した「シェム」となる。「シェム」は捉えにくく，解説を必要とする。ピアジェ理論において「行為のシェム」は，心理学的分析の基本単位となる。例として，「物をつかむシェム」は，実際には対象の「重量」「大きさ」「硬さ」「形状」により，四肢の運動が異なる。にもかかわらず，心理的等価性を特徴づける，共通の構造を有している。この共通性を基に，「把握のシェム」として捉えられる。「行為のシェム」は，思考の水準における概念に相当する。ピアジェは，感覚運動的知能の水準においても，概念に相当するものが存在すると考えた。それが「行為のシェム」である。人は，概念を利用して正解を理解するように，シェムを利用して行為し，環境に適応する[22]。

人は，シェムを単位として環境に対して働きかけ，これにより環境を認識する。シェムの種類は増大し，シェム同士を組み合わせ，新たなシェムを作り出す。これにより，環境の理解は進む[23]。

この時期にみられる活動に，循環反応がある。乳児は，偶然獲得した行為を反復することがある。ピアジェはこれを循環反応と呼んだ。乳児は，こうした外界への働きかけにより，環境に関する知識を獲得する[21]。第一次循環反応は，刺激と反応が結びついた反射の関係を進化し，刺激から独立した「行為シェム」へと変化する。行為自体に興味を持つ第一次循環反応から，行為の適応結果

第1章　運動に必要な要素

表1-4　ピアジェのものの概念の発達段階

段　階		第1段階	第2段階	第3段階	第4段階	第5段階	第6段階
およその月齢		0ヵ月～	約2ヵ月～	約4ヵ月～	約9ヵ月～	約12ヵ月～	約15ヵ月～
ものの概念	消失したものの捜索の仕方	・消失した特定のものを捜す特別の行動がない	・ものを落とすと落下点を探す	・A の場所で隠されたものを発見できるが，B の位置に移動すると発見できず A を捜す	・隠された場所を観察している限り，ものを発見できる	・ものが目に見えないところで移動しても発見できる
	ものの永続性の理解	・世界は認知されるが，永続性のない空間的体制化のない図から成立する	・ものの永続性の開始。しかし消失したものへの組織的探索はまだみられない	・永続性の理解は，まだ活動や経験と切り離されておらず，ものの移動を考慮できない	・経験に捉われることなくものの移動の理解ができるが視野外で生じた位置の変化を考慮できない	・消失したものとその移動についての心像ができる
関連する他の発達	空間の理解	・各感覚器官を中心にしたばらばらの空間	・空間の協調の開始。しかし子どもの知覚や活動に依存した主観的空間	・主観的空間と客観的空間の移行期 ・もの同士の空間的関係理解の開始	・空間群は客観的になり始めるが，自分自身を動くものとして位置づけられない	・客観的な群構造。ものの永続性，自分の動きと他のものの動きの分化 ・自分の位置変化の表象ができる
	シェムの協応	・反射の行使	・第一次循環反応 ・最初のシェム協応	・第二次循環反応 ・興味ある光景を持続させる手法	・派生的第二次循環反応 ・既知シェムの新しい状況への適用（手段と目的の協応）	・第三次循環反応 ・能動的実験による新しい手段の発見	・頭の中でのシェムの協調による新しい手段の発明 ・表象的心像の形成

（文献23より引用）

に関心が移り，第二次循環反応となる。さらに，行為の違いと結果の相互関係に関心を持つ第三次循環反応へ進む[23]。ピアジェは，この時期のシェムの働きを6段階に分けている。この時期の知能の出現と概念の発達との関係を**表1-4**[23]に示す。

2) 前操作期（1歳6ヵ月～6，7歳）

　象徴機能の発達により，表象に基づいて認識がなされる。表象に関し，ピアジェは広義と狭義の2つの意味で定義している。広義には，思考一般と同義語であり，概念システムとして組織化され

た知能を指す。狭義には，知覚的に確認できない事物や事象を喚起することのできる，イメージを用いた思考活動である[22]。

　この時期は，認識の対象が，時間と空間から十分に自由になっていない。この時期における認識の特徴を以下に示す。

- 自己とは異なる他者の視点があることに気づかないという，自己中心性。
- 物事の認識が，知覚水準に基づいて処理される。このため，与えられた事態が全体の場として認知される。それ以前の事態からの経過で，事態を把握できない。このために，事態間の矛盾に気づきにくい。
- 認識の基本操作である，ものをある基準にしたがって並べる系列化操作，ものを分類する分類操作が十分に行えない[23]。

操作はピアジェの根本理論の1つであり，4つの基本的特徴を有している[22]。

- **内化**：感覚運動期の知的行為のような，外的に遂行される行為ではなく，思考において心的に遂行しうる行為である。「4個のおはじきに3個のおはじきを足すといくつになるか」といった問いに対して，実際に数えなくても，足し合わされたおはじきの数を答えられる。
- **可逆性**：行為の結果や，効果を打ち消す行為（逆操作）が存在していることが必要である。「加法操作がある」というためには，加法に対して，それを取り消す減法が必ず存在していることが必要である。
- **不変量**：操作により，対象に何らかの変換を行う。しかし，操作による変換があったとしても，変換の前後において，何らかの不変，何らかの保存を前提にしている。例えば，7個のおはじきを，6+1，5+2，4+3というように，分割しても総和の7は不変である。
- **全体構造**：操作は孤立して存在するのではなく，他の諸操作と協応しあい，1つの全体構造として存在する。認知論的には，認知システムが，論理学的法則とか数学的公式といった，形に形式化できる構造をとる。例えば，自然数の加法操作では，任意の2数を加えても，自然数が得られ，自然数以外に変換されることはない。

　この時期は，行為が十分に表象の水準で行われない。表象のシステムを作り上げることに重点がおかれ，行為の水準を表象の水準へ移行させるための時期である。

3) 具体的操作期（6，7歳〜11，12歳）

　実際の行為に対して，内面化した行為，つまり操作が用いられるようになる。行為が内面化し，行為的表象の水準から，記号的表象の水準が優位になる。記号とは，個人的なものではなく，社会的なものである。言語は記号であり，交通信号，道路標識も記号である[22]。

　前操作期の特徴は克服される。これにより，知覚的な判断が，論理的な判断へ変化する。自己中心的な特徴から脱却し，同時に2つ以上の操作が可能となる。さらに，数，量，長さ，面積，体積，時間，空間などの，科学的基礎概念が獲得される[23]。

4) 形式的操作期（11，12歳以降）

　現実に起こっていないことに関しても，論理適応が可能となる。推論の論理形式とその内容を分

第 1 章　運動に必要な要素

表 1-5　ピアジェによる模倣発達の 6 段階

発達段階	時　期	模倣の内容	例
第 1 段階	生後数日	反射を使用することによって，後の模倣を準備はするが，まだ模倣はない	他の乳児が泣き出すと，同様に泣き出す
第 2 段階	生後 1 〜 4 ヵ月	反射シェーマは消失して，散発的模倣の段階になる。この時，模倣される見本は乳児がすでにできる運動である	大人が乳児の発した声と同じ音を発すると，それを模倣する
第 3 段階	生後 4 〜 8 ヵ月	すでに自分の発声となった音声や，すでに行ったあるいは見たことのある運動を組織的に模倣する	大人が手の開閉を繰り返すと模倣する。大人がやめると一緒にやめる
第 4 段階	生後 8 〜 12 ヵ月	すでに自らが行っている運動だが，自分では見ることのできない運動を模倣する（顔模倣）	大人が両目を開閉するのを見て，ゆっくり組織的に両手を開閉する。その後自分の口を開閉する
第 5 段階	生後 12 〜 18 ヵ月	新モデルを組織的に模倣する	大人が鎖の端を持って時計を吊るすのを注意深く見て，大人がそれを下に置くと模倣する
第 6 段階	生後 18 〜 24 ヵ月	表象的模倣が始まり，模倣がさらに発達する（人間と同様，事物の活動も模倣する）	口を開閉してマッチ箱の開閉を模倣する

（文献 25 より引用）

離させ，どのような内容にも同じ推論形式（論理）を当てはめて判断できるようになる。この時期の特徴として，仮説演繹的思考や，組み合わせ的思考が可能となる[23]。

1-6-2　動作模倣

　胎児は，胎児期 7 週頃から触覚刺激に対して明確な反応を示すことが知られている[24]。これに対して，視覚器官は胎児期 18 週頃形成されるが，実際に視覚情報が意味をなすのは出生後である。つまり，体性感覚の成熟が先行し，視覚は遅れて発達する。この 2 つの感覚は生後初めて結びつく。このことにより，自らの身体を客観的に，視覚的イメージ化することが可能となる。運動イメージは，この視覚的イメージを基盤として成熟する。運動イメージの成熟過程を知る指標として，動作模倣がある。動作模倣は，他者の運動に関する視覚的イメージを分析し，これを自己の運動として再現する行為である。つまり，他者が行った運動の視覚的イメージと，自己の運動イメージを重ね合わせる必要がある。運動イメージの成熟程度が，動作模倣の精度となる。

　ピアジェは 0 〜 2 歳の時期が模倣発達には重要であるとして，模倣発達を 6 段階に整理している（**表 1-5**）[25]。新生児において観察される模倣のような動きは反射的なものであり，生後 6 ヵ月頃までは自他未分化な状態にある。これは真の模倣ではない。6 ヵ月頃から，手足など自分で視覚的に確認できる範囲で，他者の動きを観察しながら模倣する，即時模倣が観察されるようになる。8 ヵ月頃になり，自ら視覚的に確認することができない，口や目といった部分の動きについても，模倣可能となる。1 歳を過ぎると，他者の動きを観察し，時間をおいて模倣が可能となる。これを遅延模倣と呼び，完成された動作模倣である。

　人には，観察と運動を直接結びつけるシステムが存在し，これにより新生児模倣動作が起こる。

しかし，これは成人が行う動作模倣とは異なり，反射的に行われる。新生児期の模倣は生後2ヵ月ほどでいったん消失し，その後8〜12ヵ月頃再び模倣が観察されるようになる。月齢に伴うこれらの変化はU字型現象であり，模倣という動作が，時間経過の中で消滅期間を経て2回登場する。これらは一見類似した模倣動作であるが，その現象には異なるシステムが作用している。新生児期の模倣は，自己と他者の区別はされていない。8〜12ヵ月で出現する模倣は反射的に行われるものではなく，他者の動作を認識したうえで，自らこれを再現しようとする行為である。

1-7　発達性協調運動障害

1-7-1　運動に問題を抱えた子ども

　保育園，幼稚園に通い始めた子どもたちの中に，目立って運動についていけない子どもが観察されることがある。もちろん，歩行を含む基本動作は，獲得している。しかし，ぎこちなさ，不器用さ，といった印象が強く，それは片足跳びができない，はさみや箸が上手に使えない，靴の紐が結べないなど，日常生活における幅広い動作におよぶ[26]。こうした子どもたちは，保育園，幼稚園に通う3，4歳の段階で，認識されるようになることが多い。集団生活を送るようになって，同年齢の子どもたちとの違いに気づく。以下は，医療機関において，介入が必要と判断される項目の例である。「運動は得意ですか」「手先は器用なほうですか」「おっちょこちょいと言われることはないですか」といった問診に対する回答である[26]。

- 体操が苦手である。
- 字が乱雑である，マス目からはみ出す。
- 筆圧が強すぎる，あるいは弱すぎる。
- はさみや定規がうまく使えない。
- リコーダー，鍵盤などの楽器が苦手である。
- リズム感がない。
- よく物を落とす，よくこぼす。
- よく物や人にぶつかる。
- なんでもないところでよく転ぶ。
- 長時間姿勢よく座れない。
- 言葉が聞き取りにくい。
- 飲み込みや食事に時間がかかる。

　これらの項目に該当する場合，「発達性協調運動障害（developmental coordination disorder：DCD）」と診断される場合がある。発達性協調運動障害は，いわゆる「発達障害」の中に分類される。しかし，発達障害に含まれる他の診断名である，自閉症スペクトラム障害（autistic spectrum disorder：ASD），注意欠陥・多動性障害，学習障害（learning disorder：LD）と比較して，認知度が低い。もともと，発達障害と診断される子どもにおいて，運動の稚拙さが目立つことは広く知られていた。ただ，こうした運動機能の問題を，独立した診断名として取り上げるか，自閉症などコミュニケーション障害を主症状とした障害における随伴症状とするか，議論が分かれたため

と考えられる。現在は独立して扱うようになっているが，有病率に関して日本における報告はみられない。米国精神医学会による，精神障害の診断と統計マニュアル（Diagnostic and Statistical Manual of Mental Disorders：DSM）では，5〜11歳の子どもで6％と見積もられている。

1-7-2　発達障害と発達性協調運動障害の定義

　発達性協調運動障害は，現在，発達障害というカテゴリーに分類されている。発達障害が広く認識されたのは，2004年12月に制定された発達障害者支援法の影響が大きい。支援法は，発達障害の定義と社会福祉法制における位置づけを確立し，発達障害者の福祉的援助に道を開くことを目的に制定された[28]。

　発達障害支援法では，発達障害の定義として以下のように示している。

■発達障害者支援法（2005年4月1日より施行）
　第二条．この法律において「発達障害」とは，自閉症，アスペルガー症候群その他の広汎性発達障害，学習障害，注意欠陥多動性障害その他これに類する脳機能の障害であってその症状が通常低年齢において発現するものとして政令で定めるものをいう。

　わが国において，発達障害はこの定義に基づくことが多い。自閉症，アスペルガー症候群はどちらも，社会関係の質的障害および限局した興味や関心，反復的・常同的な行動という特徴を有している。自閉症ではさらに言語発達の遅れがみられる[29, 30]。2013年，診断基準であるDSMが改定され，自閉症スペクトラム障害に自閉症，アスペルガー症候群および広汎性発達障害（pervasive development disorder：PDD）は統一された[28]。なお，2013年以前の米国精神医学会の診断基準（Diagnostic and Statistical Manual of Mental Disorders：DSM–IV）や疾病および関連保健問題の国際統計分類（International Statistical Classification of Diseases and Related Health Problems：ICD–10）では，自閉症とアスペルガー症候群は，広汎性発達障害という大きな枠組みに含めていた。

　学習障害，注意欠陥・多動性障害は，広汎性発達障害に隣接する障害と考えられ，自閉症を合併する例も多い[31]。ところで，発達障害支援法には「その他これに類する脳機能障害であって，その症状が通常低年齢において発現するもの」という一文があり，「その他」は「"政令"で定めるもの」としている。この「その他」の部分が見過ごされることが多い。「政令」部分を確認すると以下となる。

■発達障害者支援法施行令（2005年4月政令第150号）
　第一条．発達障害者支援法第二条第一項の定める障害は，脳機能の障害であってその症状が通常低年齢において発現するもののうち，言語の障害，協調運動の障害その他厚生労働省令で定める障害とする。

　上記政令に発達性協調運動障害が診断名として明記されてはいない。しかし，「協調運動の障害」

子どもの発達から考える運動指導法－体力と運動能力を伸ばすプログラム－

は，発達性協調運動障害を示している。つまり，2005 年の時点で，発達性協調運動障害は，いわゆる発達障害の一部とされていた。

　現在，診断基準に関しては，米国精神医学会の診断基準と疾病および ICD-10 が広く用いられている。米国精神医学会の診断基準は，2013 年に改定され DSM-5 となっている。ここで発達性協調運動障害に関して大きな改定が行われた。

■発達性協調運動障害の診断基準（DSM-5）
　A. 協調運動技能の獲得や遂行が，その人の生活年齢や技能の学習および使用の機会に応じて期待されるものより明らかに劣っている。その困難さは，不器用（例：物を落とす，または壁にぶつかる），運動技能（例：物を掴む，はさみや刃物を使う，書字，自転車に乗る，スポーツに参加する）の遂行における遅さと不正確さによって明らかになる。
　B. 診断基準 A における運動技能の欠如は，生活年齢にふさわしい日常生活活動（例：自己管理，自己保全）を著明および持続的に妨げており，学業または学校での生産性，就労前および就労後の活動，余暇，および遊びに影響を与えている。
　C. この症状の始まりは発達段階早期である。
　D. この運動技能の欠如は，知的能力障害（知的発達障害）や視力障害によってうまく説明されず，運動に影響を与える神経疾患（例：脳性麻痺，筋ジストロフィー，変性疾患）によるものではない。

ICD-10 では，発達性協調運動障害は「心理的発達の障害」の中の「運動機能の特異的発達障害（specific developmental disorder of motor function）」としてカテゴライズされている。この診断基準は以下の通りである。

■運動機能の特異的発達障害の診断基準（ICD-10）
　A. 標準化された微細または粗大な協調運動の検査における評点が，その小児の歴年齢を基にして期待される水準から，少なくとも 2 標準偏差以下である。
　B. 基準 A 項の障害のために，学業成績あるいは日常生活の活動に明らかな支障をきたしていること。
　C. 神経学的障害の所見はない。
　D. 主要な除外基準：標準化された検査を個別に施行して，IQ が 70 以下。

　診断名の認識の広まりとともに発達性協調運動障害を疑われる児童は，今後増加する可能性が高い。診断名の認知度の問題にとどまらず，「発達障害」の発症率増加の背景には，周産期医療の進歩による，超低出生体重児予後の問題も考えられる。低体重児は，感覚異常を呈する可能性が高いことが知られている。感覚は，姿勢制御，運動イメージ，協調性など，運動発達において欠くことができない要素である。このことから，発達性協調運動障害と，低出生体重児の関係が疑われる。ただし，結論に関しては今後の調査を待つ必要がある。

■参考文献

1) 守屋秀繁 監訳：スポーツリハビリテーション－最新の理論と実践－，西村書店，東京，2006．
2) 新田　收 他：PT・OT のための発達障害ガイド，金原出版，東京，2012．
3) 新田　收 他：小児・発達期の包括的アプローチ，文光堂，東京，2013．
4) 細田多穂 他編：理学療法ハンドブック，第4版，第1巻　理学療法の基礎と評価，協同医書出版社，東京，2010．
5) 三宅一郎：運動発達の科学，大阪教育図書，大阪，2009．
6) 津山直一 他訳：新・徒手筋力検査法，原著第7版，協同医書出版社，東京，2003．
7) 中村尚人：コメディカルのためのピラティスアプローチ，ナップ，2014．
8) 大山良徳 他：発達生理学，光生館，東京，2005．
9) 藤原勝夫：立位姿勢制御機構の発達．In：セラピストのための基礎研究論文集1 運動制御と運動学習，宮本省三 他選，協同医書出版社，東京，1997．
10) 岩村吉晃：体性感覚について．Sportsmed，1111：6-11，2009．
11) 安栄良悟 他：感覚障害と関係する神経．Brain Nurs，29（4）：54-58，2013．
12) 中村隆一 他：基礎運動学，第6版，医歯薬出版，東京，2012．
13) 真島英信：生理学，文光堂，東京，1983．
14) ニキ・リンコ 他：自閉っ子，こういう風にできてます！，花風社，東京，2004．
15) 冷水　誠：運動の神経科学過程としての運動イメージ．In：イメージの科学－リハビリテーションへの応用に向けて，森岡　周 他編，三輪書店，東京，pp.101-121，2012．
16) 樋口貴広：運動支援の心理学－知覚・認知を生かす－，三輪書店，東京，pp.160-164，2013．
17) 望月　久：協調運動障害に対する理学療法．理学療法京都，39：17-22，2010．
18) 杉浦和朗：イラストによる中枢神経系の理解，医歯薬出版，東京，1985．
19) 渡邊裕文：協調運動障害に対する理学療法．関西理学，6：15-19，2006．
20) 桜井正樹：小脳症候群とその理解．Brain Med，19：63-71，2007．
21) 村田孝次：発達心理学史，培風館，東京，1992．
22) 中垣　啓 訳（Piaget J 著）：ピアジェに学ぶ認知発達の科学，北大路書房，京都，2012．
23) 矢野喜夫 他：発達心理学への招待－人間発達の全体像をさぐる－，サイエンス社，東京，1993．
24) 明和政子：新生児の発達－運動・感覚－．J Clin Rehabil，22：547-553，2013．
25) 永井知代子：模倣の発達．Brain Med，18（3）：14-20，2006．
26) 渋谷郁子：幼児の不器用さについての保育者の印象．立命館人間科学研究，21：67-74，2010．
27) 中井昭夫：発達性協調運動障害．臨床精神医学，40（増刊号）：335-338，2011．
28) 菅野　敦：特別支援教育についての理解．チャイルドヘルス，11（11）：52-53，2008．
29) 中野珠美 他：自閉症の脳－接続異常説を越えて－．臨床神経医学，40：459-468，2011．
30) 川久保友紀 他：遂行機能とその障害－注意欠陥多動性障害および自閉症スペクトラム障害の遂行機能障害－．臨床精神医学，35：1559-1565，2006．
31) 平岩幹夫：みんなに知ってもらいたい発達障害，診断と治療社，東京，2007．

（新田　　收）

2 子どもの運動習慣の問題点

2-1 現代の子どもと運動

　運動は，成長期の子どもにとって，身体の筋骨格系の基盤を作るだけでなく，心を育成し大人になるための基盤としても必要不可欠とされている。子どもが運動することで健康に育つというイメージは，一般的に誰もが持っており，子どもの時期に適切な運動（幼児期は遊び）をすることは推奨されてきた。しかし，国民生活動向によると，身長・体重は右肩上がりで向上し，体格は以前よりも大きくなっているが，新体力テストに代表される運動能力や体力は概ね右肩下がりである（**図 2-1**）[1]。特に走力やボール投げの能力の低下は顕著であり，小学 5 年生，中学 2 年生ともに，2010（平成 22）年度の全国平均が 1985（昭和 60）年度の平均を下回っている（**図 2-1**）。これは，現代の子どもの運動不足が指摘されてきた時期と重なっている。子どもが運動する機会は，時間，

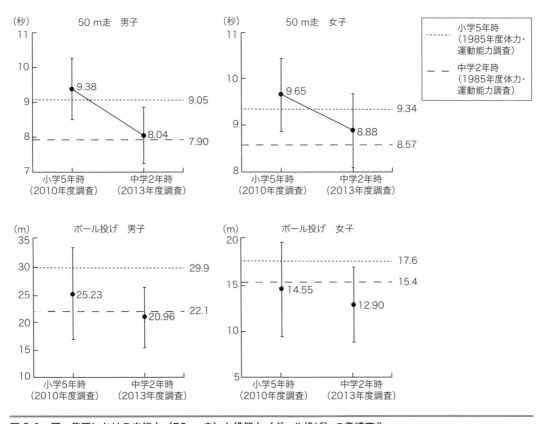

図 2-1　同一集団における走能力（50 m 走）と投能力（ボール投げ）の発達変化
ボール投げは，小学 5 年時：ソフトボール投げ，中学 2 年時：ハンドボール投げ。
（文献 1 より引用）

空間，仲間（3間）の減少により年々減少しており（後述），子どもの運動不足は肥満（メタボリックシンドローム）や運動器疾患（ロコモティブシンドローム）を引き起こすと警鐘が鳴らされている。さらに，子どもの時期の偏向したスポーツ活動や，過剰なスポーツ活動も運動器疾患の原因となっており，運動不足と過剰な運動へと二極化している。

　一般的に，よく運動する子どもはしっかり食事をし，睡眠もきちんと取っていて，意欲や集中力も高い。反対に，運動不足で体力の低い子どもは，夜遅くまで起きている，朝ご飯を食べないなど，運動以外の生活習慣も悪いことが多く，その結果，「動きたくない」「動くと疲れる」など，悪循環を招いている。また，運動をよくする子どもの中でも，ある特定のスポーツしかできない，あるいはスポーツのやりすぎによって，体や心に歪みが生じ問題となる場合もある。

　子どもの日常の運動量が減少した背景として，日本人の意識の中で，人を知識量で評価する傾向が高まり，身体や精神を鍛え，思いやりの心や規範意識を育てることを目的とした子どもの外遊びやスポーツを，子どもの学力と比較して軽視する傾向が進んだことが指摘されている。幼児期から習い事に通い，学校での勉強の不足を補うため塾に通い，子どもが最もよく遊んでいた夕方がそのような時間に当てられているようである。また，子どもの体力の低下とそれが及ぼす影響への認識が十分でないことや，運動によるケガのリスクを恐れるため，子どもに対して積極的に外遊びやスポーツをさせなくなり，体を動かす機会が減少したと思われる。

　しかし，子どもの運動不足は子どもの時期だけの問題ではなく，将来的な循環器疾患や運動器疾患の原因ともなりうる。親の生活習慣や運動習慣，またそれらについての認識が，自然に子どもの生活習慣，運動習慣となっていく。親の肥満度と子どもの肥満度は一致していることが多い。

　このように子どもの運動能力・体力の低下は，運動時間の減少だけでなく，生活習慣や日本人の意識の変化も要因であるとの指摘もある。ゲームの習慣などにより外遊びが少なくなること以外にも，子どもの発育の偏りや，食育，睡眠時間の減少などが原因となりうる。近年，身体をケガから守る動作である転んだ時に手をつくことや，日常的に行う動作で靴下を履く時に片脚でしっかり立つこと，手をまっすぐ上げること，しゃがみ込み動作などができない子どもが急増している。そこで，子ども期の運動の問題点を整理していきたい。運動不足よって生じる運動以外の影響を**表 2-1** にまとめた。

2-1-1　子どもの生活全体の変化

　少子化により兄弟姉妹の数が減り，身近な遊び仲間が減少している。都心部・農村部とも，学校の統廃合や，クラスの人数の減少など，最も身近な学校単位での子どもの数の激減が，子どもの生活を変化させている。また，学校外の学習活動などで子どもが忙しく，平日の放課後に遊びたくても，自由な時間が取れなかったり，友達と時間が合わないことで遊び仲間がつくりにくい。遊び仲間が少ないので群れることがなくなり，自分たちで遊びを考え出すことが難しくなり，テレビゲームなどの室内遊びをすることが多くなる。1 日 60 分の運動が推奨されているが，**図 2-2** に示すように，小学 5 年生，中学 2 年生において 1 週間の総運動時間が 60 分未満の子どもの割合が最も多く，また中学生になると運動の頻度が高い子どもと低い子どもに二極化する[2]。

第2章　子どもの運動習慣の問題点

表2-1　運動不足による弊害

運動不足の弊害	原　因
肥満・生活習慣病	運動不足による体力低下によって，体を動かさない，生活が乱れるということを繰り返していると，運動不足以上に深刻な事態である肥満や，生活習慣病などの病気となる。特に糖尿病，脂質異常症，高血圧の原因となり，子どもの頃から動脈硬化が進行する
意欲や気力の低下	文部科学省が体力を"生きる力"の重要な要素と位置づけている通り，体力は人間の活動の源なので，低下すると生活全般に活力がなくなる。無気力になったり，少し動くと疲れるので，活動する意欲が全般に低下する。さらなる運動不足を招く
集中力の低下	体力の低下は，集中力や学習意欲の低下にも繋がっていることが知られている。小学校低学年では，体力がないために授業中に疲れて寝てしまうことが問題となっている。集中力を維持するためには，体力が必要不可欠である
社会全体の活力の低下	1人ひとりの子どもの体力の低下が，将来的に国民全体の体力低下につながる。つまり，生活習慣病やストレスに対する抵抗力の低下など，心身の健康に不安がある人が増え，社会全体の活力が低下する。医療費などの社会的なコストの増加にも関連する
学習能力の低下，ストレス耐性の低下	よく運動している人は，仕事が速く優秀であることが多い。これは，運動することが脳の発達を促し，記憶力，思考力，発想力を高めることにつながるからである。運動することで，ストレスが適度に解消されるため，ストレス耐性も上がる

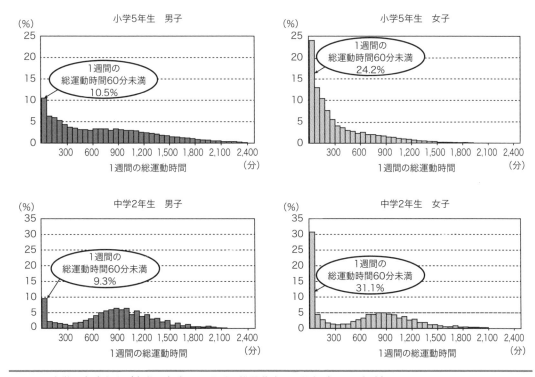

図2-2　小学5年生および中学2年生の1週間の総運動時間の分布（2010年度）
（文献2より引用）

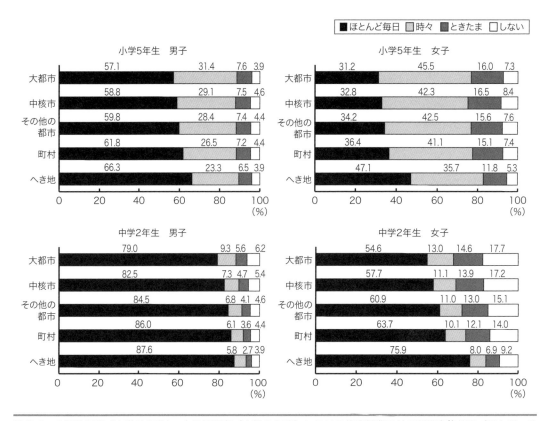

図2-3 小学校調査（小学5年生），中学校調査（中学2年生）における体育授業以外の運動実施状況（男女別・地域規模別）
（文献1より引用）

2-1-2 地域における環境の変化

地域で子どもが遊ぶ場所である公園や広場は少なくなっているうえに，公園にある遊具も危険と認定されたものは撤去され，子どもの遊ぶ空間が奪われている。また，公園で体を動かさずにテレビゲームをしている子どもがみられるなど，子どもの公園の利用方法も変化しているようである。公園や広場の数は運動の実施状況に影響があり，大都市よりも地域規模の小さい町村に住んでいる子どものほうが運動の実施頻度が多くなっている（**図2-3**）[1]。

地域のスポーツ指導者が子どもの発達段階に応じた指導方法を心得ておらず，技術的な教示や，勝ちにこだわる指導によって，子どもがスポーツの楽しさを知ることなくやめていく場合もあり，子どものスポーツ嫌いにつながるとの指摘もある。幼児期には遊びが運動の主体を占めており，春日[3]によれば，幼児が運動遊びに夢中になる条件として，まずは体を動かす楽しさを教えていくことが大切である（**表2-2**）。

2-1-3 学校における運動の指導

幼稚園や学校，特に小学校における指導は，単に知識を教えるだけでなく，子どもに体を動かす楽しさを感じさせ，普段運動しない子どもに限られた時間で効率的に運動量を確保するなど，子ど

第2章　子どもの運動習慣の問題点

表 2-2　幼児が運動遊びに夢中になる6カ条

1. 動きや操作ができるようになる（成功体験）
2. 次々に挑戦する課題がある（スモールステップ）
3. できるようになったことを認められ，褒められる
4. 勝負の楽しさを体験する（真剣勝負）
5. 遊びを通して良好な仲間関係を構築する
6. ルールや遊び方を自分たちで考え，創造する

（文献3より引用）

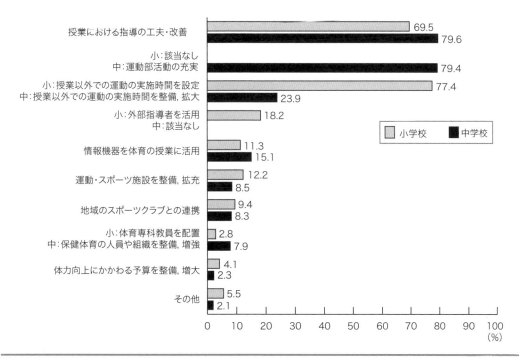

図 2-4　学校における体力・運動能力向上のための具体的な取り組み（小学校・中学校別：複数回答）
（文献1より引用）

もの体力向上に関して重要な意味を持っている。しかし，幼稚園においては，教員自身の外遊びの体験の不足などにより，幼児が遊びながら楽しく運動するような指導がうまくできないなどの状況が見られる。

　小学校においては，専任の体育の教員が非常に少ないことや，例えば，教員の中には児童の発達段階に応じた体育の指導に困難を感じたり，児童に体を動かす楽しさを感じさせることができる指導が必ずしも得意でない教員が存在するという状況がみられる。また，小学校の高学年や中学・高校になると，スポーツの技術指導が中心となり，楽しく運動させる指導の工夫が不十分であるとの問題が指摘されている。近年は，学校において，**図 2-4** に示すように，授業における指導の工夫・改善などを中心に，部活動の充実，地域の施設や活動との関連性の強化などの取り組みを増やしている[1]。同様に教育委員会も，体力向上のプログラムを作成したり，体力向上に関する教員向けの指導資料の作成を進めている（**図 2-5**）[1]。

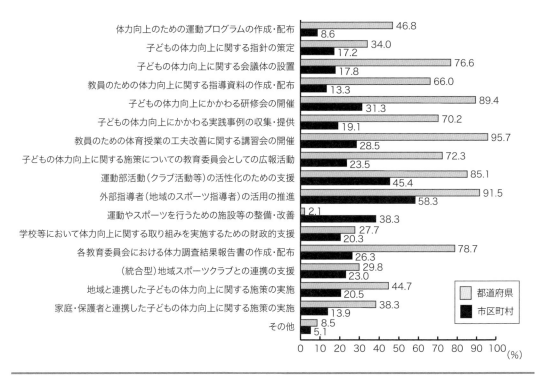

図2-5 教育委員会における体力向上施策の実施状況（都道府県・市区町村別：複数回答）
（文献1より引用）

2-1-4 子どもの生活習慣から生じている変化

　文部科学省が1998年に行った「子どもの体験活動に関するアンケート調査」においては，日常的に疲労を感じることが「よくある」「時々ある」と答えた子どもの合計が小学校2年生で33％，中学2年生に至っては60％となっている．筆者が調査した結果でも，千葉県の浦安市・佐倉市の子ども297名（4～13歳）で，外遊びをする児童は81.8％，ケガをしやすい29.3％，転倒しやすい20.2％，疲れやすい38.9％，現在の運動器の疼痛27.2％，過去の運動器の疼痛8.6％，1日の平均運動時間1.4±0.9時間，睡眠時間9.1±1.3時間であり，疲れやすいと答えた子どもは40％近くに及んだ．子どもが疲労感を感じている理由として，生活習慣の変化により日常的な疲労を蓄積していることが考えられる．千葉県で調査した結果[4]でも，毎日運動する子どもは22.9％であり，生活習慣としては13.8％の子どもが朝食を毎日とっておらず，朝の起床の悪い子どもや9時以降起きている子どもも多い（**表2-3**）[4]．

　NHK放送文化研究所が行っている「国民生活時間調査」によれば，1965～2000年の35年で，平日の睡眠時間が小学生で39分，中学生で46分，高校生で56分短くなっている．社団法人小児保健協会が実施した「幼児健康度調査」では，1980～2000年の20年で幼児の就寝時刻が1時間ほど遅くなっている．

　食生活については，朝食を欠食したり，食事の内容についても，動物性の脂肪分や糖分の摂取量が過剰であったり，栄養のバランスがとれていないなど，問題が多い．夜遅くまで起きていて，朝起きる時間が遅いことや，親の生活習慣が多様化し，親の就寝・起床時間に合わせてしまうため，

第 2 章　子どもの運動習慣の問題点

表 2-3　現在の運動状況と生活習慣に関する調査結果

アンケート項目	回答					n
よく運動をしますか	毎日 22.9%	だいたい毎日 34.6%	たまにする 29.1%	ほとんどしない 5.0%	体育時間のみ 8.4%	358
1 日の平均運動時間	1.3 ± 1.9 時間					
1 週間の平均運動時間	7.6 ± 5.3 時間					
クラブ活動・部活動などでの運動習慣	ある 54.9%			ない 45.1%		355
朝ごはんの有無	毎日 86.2%			毎日ではない 13.8%		355
生活をしていて関節などに痛みはありますか	ある 17.0%			ない 83.0%		358
この 2〜3 年で関節などに痛みが生じましたか	ある 24.8%			ない 75.2%		358
1 日どのくらい寝ていますか	8.6 ± 0.7 時間					
朝はすぐに起きられますか	はい 66.1%			いいえ 33.9%		351
夜は 9 時より早く寝ますか	はい 63.6%			いいえ 36.4%		353
日常的によく転倒しますか	はい 6.1%			いいえ 83.9%		353
転倒してケガをしたことはありますか	はい 19.8%			いいえ 80.2%		338
立位で安定して靴下が履けますか	はい 70.1%			いいえ 29.9%		338

n：有効回答数
（文献 4 より一部改変）

朝食をとる暇がなく通学する傾向にある。また，朝食をとっていても，ご飯やパンなどの炭水化物のみで，バランスのよい食事を摂取している割合は極端に少ない。

　子どもの睡眠や食生活などの生活習慣の乱れは，健康に悪影響を及ぼすだけでなく，生活するうえの基礎である体力の低下，気力や意欲の減退，集中力の欠如など，身体・精神両面に悪影響を及ぼす。

　子どもの生活習慣の乱れは，この数十年での都市化や核家族化，夜型の生活へという国民全体のライフスタイルの変化によるものと考えられる。また，夜遅くまでの塾通い，深夜のテレビ放映，24 時間営業の店舗の存在など，子どもの生活を夜型に導くものが世の中にあふれ，子どもはその環境の中で生活することを余儀なくされている。子どもの体力低下の原因の 1 つである生活習慣の乱れには，現代社会や家庭の姿が投影されているといえる。

2-1-5　三間の減少

　「時間」「空間」「仲間」の「三間の減少」により，子どもたちが外遊びをしたり，気軽に運動に触れたりする機会が少なくなっている。

2-1-5-1 時間の減少

以前，放課後には多くの子どもが近所の公園などで遊んでいたが，現在では習い事や学習塾に通う子どもが多く，自由に遊べる時間が少なくなった。また，治安面の悪化により，子どもだけで遊ばせることが不安になったという社会変化も，これを加速させている。

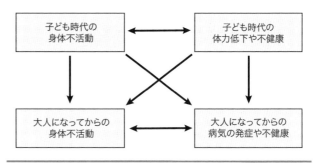

図2-6　子どもと大人における身体不活動と健康の関係
（文献5より引用）

2-1-5-2 空間の減少

以前には，路地裏や空き地などで思う存分遊ぶことができたが，そういったスペースは少なくなった。住宅地の公園ではボール遊びを禁止するなど制約も多く，気軽に体を動かせる空間が減少している。

2-1-5-3 仲間の減少

少子化の影響で，兄弟姉妹や同級生など，一緒に遊ぶ仲間が減っている。また，人間関係も昔に比べ希薄になり，ガキ大将が学年の違う子どもたちを引き連れて大勢で遊ぶような光景もほとんどみられなくなった。

このように，三間の減少により外遊びの機会を失った子どもたちの中では，ゲーム機などを使った体を動かさない遊びが主流となり，深刻な体力低下を招くことの要因となっている。子どもの頃の体力や動きの質への悪影響だけでなく，将来大人になった後の運動習慣や健康状態への悪影響も憂慮される状況といえる（**図2-6**）[5]。

2-2 ロコモティブシンドローム（運動器症候群・運動器不安定症）

加齢に伴う運動器の障害のために移動能力の低下をきたし，要介護になったり，要介護になる危険性が高い状態は，中高齢者の運動器に起こる身体状態「ロコモティブシンドローム（以下，ロコモ）」として知られている。2013年から日本整形外科学会ではロコモの構成概念を**図2-7**のようにまとめている[6]。日本の研究報告から推測される骨粗鬆症患者は1,300万人，変形性膝関節症の有症状者は800万人，変形性腰椎症の有症状者は1,100万人にも及ぶ[6]。

子どもでも，発育の偏りや運動不足などが原因となり，筋，骨，関節などの運動器のいずれか，もしくは複数に障害が起き，歩行や日常生活に何らかの障害を引き起こすなど，同様の状況が起こりうる。さらに，片脚でしっかり立つ，手をまっすぐ上げる，しゃがみ込むなどの基本動作や，転んだ時に手をつくといったケガから身を守る動作ができない子どもが急増している。これは，子どもの時期のケガの原因となるだけでなく，大人になってからの運動器疾患に結びつく要因であるた

第 2 章　子どもの運動習慣の問題点

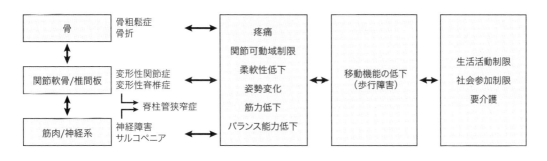

図 2-7　ロコモティブシンドロームの構成概念
(文献 6 より引用)

表 2-4　運動項目に関する回答結果

アンケート項目	運動の可否			有効回答数
片脚立ち	両側可：97.5%	一側可：1.4%	不可：1.1%	358
手の 180°挙上	両側可：100%	一側可：0%	不可：0%	358
しゃがみ込み	可：92.3%		不可：6.7%	357
体前屈	0 cm 以上：43.3%	0 cm：29.3%	0 cm 未満：27.1%	357
体挙げ	安定：82.7%	不安定可：16.2%	不可：0.3%	355
四つ這いバランス	両側可：91.3%	一側可：5.6%	不可：2.2%	355

1～4 の項目で 1 つでも不可または 0 cm 未満だった割合：31.7%（$n = 356$）
(文献 4 より引用)

め，早急に対応が必要である。

　数県での子どもロコモ検診によると，調査した子どもの幼稚園児 36.0%，就学児 42.6%，小学生 40% で片脚立ちが 5 秒できない，しゃがみ込みに問題があるなど，片脚立ち，手の 180°挙上，しゃがみ込み，体前屈の 4 項目で 1 つでも当てはまる児童・生徒の割合が 3～4 割存在する[7]。特に体や四肢の硬さが目立ち，成長期のスポーツ・運動時のケガの予防のため，基本的動作を身につけるための運動や体操，特に柔軟性体操（ストレッチ）を幼少時から指導するべきであることが指摘されている[7]。筆者らの千葉県における調査[4]でも，子どもロコモ検診で最も困難だった項目は体前屈であり，背面の筋が全体的に硬い傾向がある（**表 2-4**）。

　運動器の疼痛との関連性を分析した結果，運動項目以外にも睡眠に関する項目，外遊びの環境項目などが関連していた。また，転倒しやすい，転倒時に手をつけない子どもは，しゃがみ込み，体挙げ，片脚立位，睡眠時間が関与していた（**表 2-5 ～表 2-7**）[4]。

　子どもが転倒しそうになった時に手をつけずに，頭部や顔のケガが増加している。転倒しそうになった時に「手をつく」という動作は本来反射的に生じるのだが，それがなんらかの原因でできずに，頭部や顔が先に地面と接触することになる。原因として，生活環境の変化やハイハイの経験の短さを指摘する声も多いが，まだ十分にわかっていない[8]。定型発達では 10 ヵ月で「ハイハイをする」，11 ヵ月で「手と膝で這う」となり，一方低いところでのつかまり立ちは 9 ヵ月，つかまり立ち，伝い歩きは 10 ヵ月である。最近の洋式の生活環境や，ベビーベッドの導入などによって，

子どもの発達から考える運動指導法ー体力と運動能力を伸ばすプログラムー

表 2-5　現在または過去の疼痛と運動項目・アンケート項目との関連性

項　目	睡眠時間	夜 9 時に寝る	外遊び環境	身　長	体　重
現在の疼痛	±0.083	±0.125*	±0.91	0.146**	0.145**
過去の疼痛	±0.229*	±0.142**	±0.165**	0.214**	0.227**

相関係数：*$p < 0.05$，**$p < 0.01$
（文献 4 より引用）

表 2-6　現在の疼痛，過去の疼痛と運動項目・アンケート項目との比較

		現在の疼痛（名）				過去の疼痛（名）			
		あり	なし	合計	p 値	あり	なし	合計	p 値
体挙げ	安定	54	242	296	0.017	75	221	296	0.125
	不安定	5	53	58		11	47	58	
	不可	1	0	1		1	0	1	
夜 9 時に寝る	前	4	29	33	0.051	7	26	33	< 0.001
	9 時	26	166	192		29	163	192	
	後	30	98	128		50	78	128	
靴下を立位で履く	安定	39	198	237	0.696	59	178	237	0.042
	ふらつく	12	58	70		11	59	70	
	座る	7	24	31		12	19	31	
外遊びの環境	はい	38	211	249	0.093	49	200	249	0.002
	いいえ	22	74	96		34	62	96	

有効回答数　「体挙げ」$n = 355$，「夜 9 時に寝る」$n = 353$，「靴下を立位で履く」$n = 338$，「外遊びの環境」$n = 345$
（文献 4 より引用）

表 2-7　「転ぶ」「転倒時に手をつく」に関する多重ロジスティック回帰分析

従属変数	独立変数	β	標準誤差	Wald	df	有意確立	Exp (B)	95%信頼区間	
								下限	上限
「転ぶ」	しゃがみ込み	−1.110	0.465	5.696	1	0.017	0.330	0.143	0.908
	体挙げ	−0.660	0.341	3.741	1	0.053	0.517	0.265	1.009
	定数	2.158	1.249	2.984	1	0.084	8.653		
「転倒時に手をつく」	片脚立位	−0.992	0.468	4.503	1	0.034	0.371	0.148	0.927
	体挙げ	−0.778	0.328	5.634	1	0.018	0.459	0.241	0.873
	睡眠時間	0.576	0.208	7.664	1	0.006	1.779	1.183	2.674
	定数	−1.305	2.462	0.281	1	0.596	0.271		

（文献 4 より引用）

例えば柵につかまって立ち，立つことで視野を広げ，ハイハイして遊ぶことよりも立って遊ぶことに興味が出てくるためにハイハイの期間が少なくなっているのだろう。ハイハイと転倒との関連の報告は，0 歳期にハイハイであまり動きまわらなかった子どもは 1 ～ 2.5 歳頃に転びやすく，歩行の姿勢が不安定になり，つまずきやすいとされる[6]。しかし，それ以降の報告はなく，未だ関連性は明確でない。しかし，幼児期から体を支える筋力，バランス能力を運動や遊びの中で鍛えることは，運動器疾患の軽減につながるものと考えられる。

2016度から小学校で運動器検診が始まった。子どもの場合，運動・スポーツの量や実施方法が適切でないと，生涯にわたる変形・痛み・成長障害を引き起こす可能性がある。運動器検診によって運動器の形態異常・機能不全を早期に発見することで，運動器の健全な発育・発達をサポートすることが可能となり，将来のロコモ予防へ繋がると考えられる。

2-3　小児の肥満・メタボリックシンドローム

小児期の小児肥満症やメタボリックシンドローム（metabolic syndrome：以下，メタボ）には運動不足が関与している[9]。小児期の成長，体格変化においても，運動習慣の獲得とその継続が肥満の予防，筋量・骨量の増加に重要な役割を果たしている。子どもの時期の除脂肪量と脂肪量の変化を**図2-8**[10]に示す。除脂肪量は小学校高学年から増大している。筋力の増加速度も小学校高学年から中学生にかけて急速に上がる（**図2-9**）[10]。この時期の運動は，全身の骨格系を作り上げていくうえで重要とされている。

運動不足によって，単純に運動によるエネルギー消費が減少するだけでなく，筋量が少なくなるために基礎代謝量が減少し，メタボが助長される傾向がある。子どもでも，肥満やメタボになることで糖尿病が発症する可能性があり，子どもの時に発症しなくても将来的な糖尿病予備群となりうる。それ以外にも，肥満によって大人と同様に他の疾患のリスクが高まることが知られている。小児期の肥満の尺度は，現在は2000年度のデータより算出された標準体重（平均体重）を基準とし，

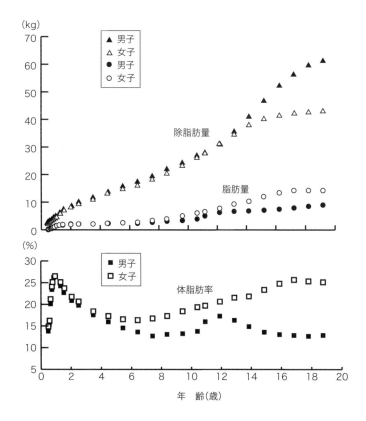

図2-8　全身の除脂肪量と脂肪量（上）および体脂肪率（下）の発育による変化
（文献10より引用）

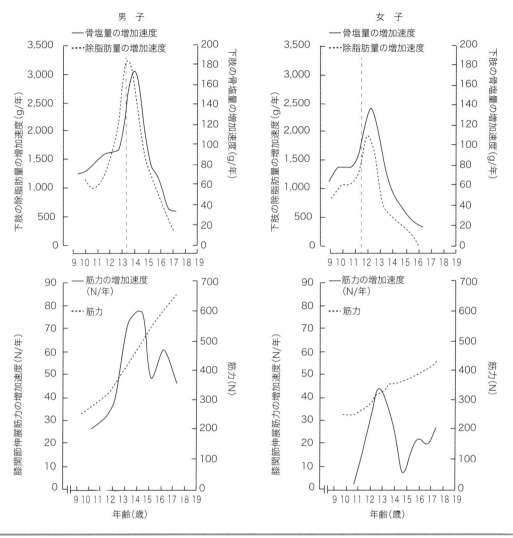

図 2-9　下肢の除脂肪体重（上図：骨塩量についても示す）と膝関節伸展筋力とその増加速度
上図の破直線は身長が最大発育速度を示した年齢を示したもの。
（文献 10 より引用）

その体重に対して何％増加しているかで表わす（**表 2-8**）。2010 年度の軽度肥満と高度肥満の頻度を**図 2-10**，**図 2-11** に示すが[11]，小学生時代に直線的に上昇している。高度肥満は，5 歳児と比べて高校生の男子が 10 倍，女子は 20 倍となり，高校生で高度肥満が増大する傾向にある。

表 2-8　肥満度の定義

肥満度	範囲
軽度肥満	肥満度 20％以上 30％未満
中等度肥満	肥満度 30％以上 50％未満
高度肥満	肥満度 50％以上

　肥満は高血圧，2 型糖尿病，脂質異常症，肝機能障害などの生活習慣病の温床となっている。また，肥満関連のがんの発症リスクが上昇し，壮年期の死亡率も増大する[12]。肥満小児の体力は非肥満小児よりも低い。肥満発生要因として，テレビや DVD，携帯型ゲーム，コンピュータなどに費やす時間が長いことが知られている[13]。長すぎるスクリーンタイム（テレビやスマートフォン

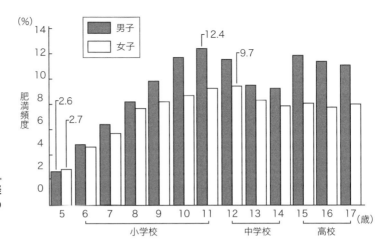

図 2-10 小児期・思春期の軽度肥満（肥満度 20％以上）の頻度
（文献 11 より引用）

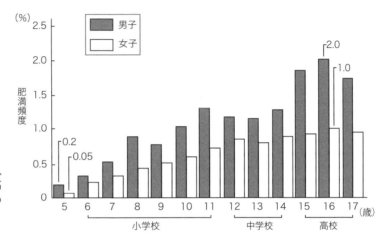

図 2-11 小児期・思春期の高度肥満（肥満度 50％以上）の頻度
（文献 11 より引用）

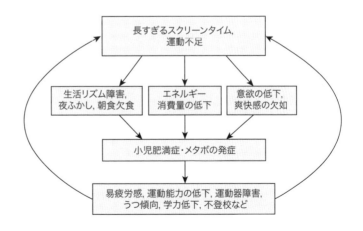

図 2-12 運動不足と小児肥満・小児期のメタボの悪循環
（文献 14 より引用）

の画面をみる時間）は，小児肥満や小児期におけるメタボにつながり，それが易疲労感や運動能力の低下などを引き起こすことが示されている（**図 2-12**）[14]。

　小児期のメタボ予防健診のアンケート調査[15]で，動脈硬化危険因子や危険因子の集積数と関係が強いのは，食生活より，運動好きか否か，運動習慣，休み時間の過ごし方，親子で行う野外遊び

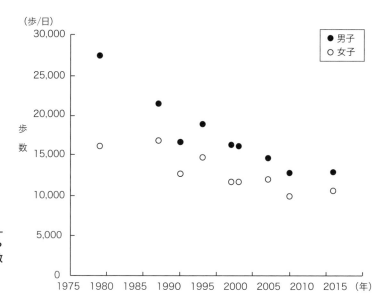

図2-13 過去の研究結果からみた子どもの1日あたりの歩数の変化
（文献18より引用）

など，身体活動に関する項目であった。

　小児生活習慣改善プログラムに参加した177名を，週末に1万歩以上歩行する群，スクリーンタイムを制限する群，歩数とスクリーンタイムを記録する群の3群に分けて，約3ヵ月間介入した結果，1万歩以上歩行する群のみ有意に肥満度が低下した[16]。吉永によると，児童・生徒においてスクリーンタイムと運動時間は反比例することが多いが，女子では相関が少ない[17]。2011年に東京都で小・中・高等学校の児童・生徒を対象に行われた歩数計による大規模調査の結果では，小学3年生（9歳）の男子が，平均12,804歩/日，女子が10,549歩/日であった。20年以上前の1980年代には男子20,000歩/日以上，女子も15,000歩/日以上であったが，段階的に減少している（図2-13）。過去30年で，男子は約10,000歩/日，女子は約5,000歩/日減少しているが，1,000歩はほぼ10分の歩行に相当するので，男子は約1時間40分，女子は約50分も歩行を伴う活動が減ったことになる[18]。

　高校生に対する研究ではあるが，4万人を対象にして「肥満の家族歴がなく，運動が好きである」と答えた者に比べて，「肥満の家族歴があり，運動が嫌いである」と答えた者ではBMI 30以上の高度肥満の発症リスクが男子で21.8倍，女子で24.6倍となった[19]。このように，小児期の肥満は保護者の肥満と強い関係性があり，家庭での生活習慣や食習慣を含めた対応が必要である。

　小児肥満（平均12.7歳）の68.8%が成人肥満（平均38.4歳）へ移行することが報告されており，その移行率は非常に高い[20]。青森県の小学5年時に調査を行った児童で，中学2年時に継続的な調査を行った147名の報告[21]で，運動時間が長ければ筋量は増加し，それに伴いBMIも増加し，その一方でクラブ活動をドロップアウトすれば筋量は低下し，体脂肪率が増加した。肥満のある小児は，肥満のない小児よりも腰痛，膝痛の有訴率が高い[22]。また，身体機能テストのパフォーマンスも低い[23]。筋量は骨量と同様，獲得のピークは20歳にあり，その後は加齢性に低下するため，幼児期からの継続的な運動が重要となる。肥満は変形性膝関節症の危険因子としても挙げられており，肥満を予防することで変形性膝関節症の発症・進行を回避できる可能性が示されている[21]。

2-4 過剰な運動による弊害，運動で起きる外傷・障害の特徴とその予防

　近年，子どもの運動不足が指摘されている中，反対に過剰な運動のため外傷や障害を負う子どもも増えており，二極化していることが指摘されている。学校管理下における負傷（スポーツ以外の外傷・障害も含む）の申請件数は，2008年度では約110万件で，このうち体育活動時の負傷は約30万件（約1/4）であり，中学・高校では部活動中のものが多い。性差は，発生件数で2倍（女子約8万件，男子18万件）だが，発生頻度では差がない。発生部位では足関節が最も多く（5万6,000件），次いで手指，頭頸部，膝と続く。病態別では骨折，捻挫，打撲が年6〜7万件発生している[24]。

　重症頭頸部外傷でみると，発生数は約500件（頭部85％，頸部15％），発生頻度は約20件/10万人/年であった。頭部外傷では脳振盪が最も多く（40％），次いで頭部打撲（23％）であり，両者を合わせて全体の2/3を占めていた。足関節捻挫の発生件数（発生頻度）は約4万件（1,400件/10万人/年），膝前十字靱帯損傷の発生件数（発生頻度）は約2,500件（90件/10万人/年）であった。特に，女子高校生の前十字靱帯損傷の総数は，年々増加している[24]。

　脳振盪は，外傷の生体力学的作用によりもたらされた，脳組織へ影響を及ぼす複雑な病態生理学的プロセス，と定義される[25]。頭部への直接的な外力だけでなく，体への衝撃的作用によっても生じ，短期間の神経機能障害が急激に起こることによって，意識障害やけいれんなど

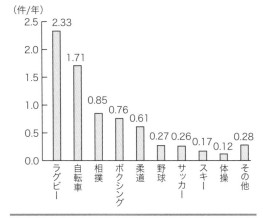

図 2-14　運動部活動別の頭頸部外傷発生頻度（対1,000人）
（文献 24 より引用）

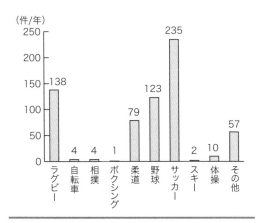

図 2-15　運動部活動別の脳振盪発生頻度
（文献 24 より引用）

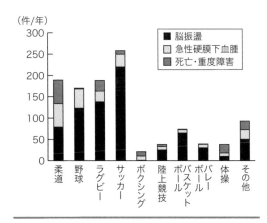

図 2-16　運動部活動別の脳振盪，急性硬膜下血腫，死亡・重度障害の発生頻度
（文献 24 より引用）

さまざまな臨床症状を呈しながら，典型的には自然に回復し，頭部の画像所見（CT，MRI）では明らかな異常を認めないものもある。脳振盪の治療の原則は，脳振盪後症状が消失するまで，肉体的・認知的機能の十分な休息をとることである。頭部の外傷では，致死的な急性硬膜下血腫の他，脳振盪を繰り返すセカンドインパクト症候群も危険であり，びまん性脳腫脹をきたし，生命予後・機能予後も含め短期的・長期的問題を呈する可能性がある。対1,000人比でみた運動部活動中の頭頸部外傷発生頻度は，ラグビー，自転車競技，相撲，ボクシング，柔道，野球の順に多く（**図2-14**）[24]，脳振盪はサッカー , ラグビー，野球，柔道に多く発生している（**図2-15**）[24]。致死的脳損傷である急性硬膜下血腫（**図2-16**）[24] と脳振盪の発生頻度は類似しており，特に柔道やボクシングにおいては死亡・重度障害を呈する率が高い。

　脳振盪による頭痛やめまい感などの急性期脳振盪症状のほとんどは7〜10日の短期間で回復するものであるが，成長期においてはその回復時間がより長い可能性がある[25]。成長期は，脳振盪（頭部外傷）そのものの予防は難しく，部活動を含むあらゆるスポーツで起こりうる。そのため，子どもの運動にかかわる関係者や校医は，そのことを念頭に置き，脳振盪に対する取り組みを行う必要がある。脳振盪の評価には，Child SCAT 3[26] などを活用し，脳振盪後の対応をていねいに実施していく必要がある。なお，この質問紙表の日本語版は，http://fujiwaraqol.com/home/child_scat3.html からダウンロードすることが可能である。

2-4-1　部活動によるスポーツ外傷・障害

　スポーツを行うことによる外傷・障害の危険性は潜在的にあり，それを予防しながら行うことが，生涯にわたってスポーツを楽しむために重要な点である。子どもの障害については，近年警鐘が鳴らされるようになったが，それ以前のスポーツ指導は非科学的な方法論が多く，ケガが発生しやすい状況であった。以前と同様の非科学的な指導を体が未成熟な子どもに実施した場合に，ケガのリスクはさらに高まるのではないだろうか。

　部活動での代表的な運動器の疾患として，野球肘を取り上げる。野球肘は，成長期に野球を行う子どもが，野球を継続できなくなる原因の代表的なものである。野球肘は，投球時の内側の疼痛を主として，野球経験者に多い症状である。さらに，肘外側部に疼痛が生じ手術が必要となる離断性骨軟骨炎（osteochondritis dissecans：OCD）の発症もみられる。子どもは一生懸命体を動かし，そしてそのパフォーマンスを上げたいために，練習を休もうとしない。そのため，過剰な負担が生じた場所に疼痛が生じ，その後継続した身体症状は状況を悪化させて，スポーツの継続だけでなく，ADL（日常生活動作）にも多大な問題を引き起こす可能性もある。

　千葉県の医療関係者の団体「千葉ひじネット」では，野球肘予防のために手帳を作製する取り組みを行っている。その手帳には，簡単なフィジカルチェックの項目と，できなかった場合の対応方法を記載している（**図2-17〜図2-19**）。さらに，投球動作の動画を撮影し，動作解析装置を利用して，障害予防やパフォーマンス向上のための投げ方のシミュレーションを行い，フィードバックできるようにしている[27]（**図2-20**）。このような予防の取り組みは，楽しく継続的にスポーツを実践するためには必要不可欠であり，他のスポーツ種目にも普及していくことが望まれる。

第2章 子どもの運動習慣の問題点

図2-17 野球少年のフィジカルチェック項目1
（提供：千葉ひじネット）

図2-18 野球少年のフィジカルチェック項目2
（提供：千葉ひじネット）

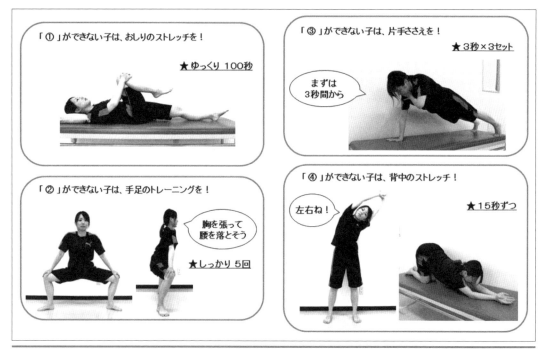

図 2-19 フィードバック用紙
図 2-18 の評価を行い，各項目が不可であった場合に使用する。
(提供：千葉ひじネット)

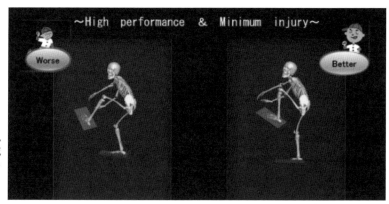

図 2-20 肘の靱帯張力を低減させる投球動作を提案するシステム
(提供：千葉ひじネット)

2-5 骨 折（外傷および疲労骨折）

　子どもの負傷の総数は 1990 年台半ばをピークに減少してきたが，最近発生率・発生件数ともにわずかに増加している。骨折についても，発生数は微増しており，特に女児で発生率が増加している。反対に，幼稚園児・保育園児の発生数は減少傾向とされる。この点に関して，次のようなことも考えられないだろうか。1990 年台は，幼児が外で体を動かす頻度が高かったため，負傷数も多かったと考えられる。しかし最近は，危険な場所では遊ばず，運動の頻度が激減しているのに，負傷数が微増しているということは，遊ぶ時間に対するケガの発生率は増加しているのではないか。

　運動することで骨は丈夫になっていく。平均 9.9 歳の女子に対して，2 年間ジャンプを主体とし

第 2 章　子どもの運動習慣の問題点

表 2-9　スポーツ種目別の疲労骨折が多くみられる部位とその特徴

部　位	スポーツ種目により頻発する疲労骨折の種類	特　徴
上肢	・野球：投球動作による肘頭疲労骨折，肘頭骨端線閉鎖不全 ・テニス，剣道：有鈎骨疲労骨折	発見の遅れによる偽関節，遷延治癒となると手術が必要となる
体幹	・ウエイトリフティング：上肢挙上による第 1 肋骨疲労骨折 ・長距離ランナー：恥骨疲労骨折	手術は稀だが，偽関節や再発により治癒に時間を要することもある
下肢	・跳躍種目（バレーボールなど）：脛骨疲労骨折 ・スポーツ全般（足関節内反や背屈位の負荷が多い種目）：足関節内果疲労骨折 ・陸上競技，バスケットボール：舟状骨疲労骨折	完全骨折，再発，遷延治癒，偽関節となると手術になるケースが多い。復帰に時間を要する

たサーキットトレーニングを行った結果，腰椎と大腿骨頸部に有意な骨密度の増加がみられた[28]。適度な運動は骨量を増大させ，骨折のリスクを軽減させる。

2-5-1　疲労骨折

　成長期は外傷による骨折以外に疲労骨折も多く，スポーツ活動における軽微な外力の繰り返しによるオーバーユース症候群（overuse syndrome）の中で，骨組織に起こる代表的なスポーツ障害の 1 つである。特に，スポーツの低年齢化，早期の専門化により，成長期の疲労骨折の頻度が高くなっている[29]。スポーツ種目別での疲労骨折の特徴を**表 2-9** に示す。

　スポーツの質や量，スポーツサーフェス（床面）やシューズなどが変化した場合は，疲労骨折が発症しやすい[30]。臨床所見は局所の圧痛であり，特に限局する骨直上の圧痛点や腫瘍部の確認は重要である。疲労骨折の治療の原則は，スポーツ動作の完全中止による保存療法である。再骨折，遷延治癒，偽関節や，骨折に転位を認める場合は手術を必要とし，スポーツ復帰には長時間を要する。

　成長期におけるスポーツの特徴として，短期間に結果を要求されることによる過剰な運動や，少子化の影響による部員数の減少で練習時間や試合時間が長くなることにより，疲労骨折を発生しやすい。そのため，治癒にも時間を要し，結果的にスポーツの継続を困難にしかねない。

2-5-2　骨折の予備群

　運動不足は骨量を低下させることが指摘されている。特に，女子の思春期の運動不足は骨量に影響を及ぼし，将来的に骨粗鬆症の予備群になる可能性が示唆されている。また，因果関係はまだ十分に確定されていないが，運動不足の児童は将来的に十分な量の運動をするような習慣を身につけることは少なく，継続的な運動不足が骨量に影響を及ぼすことが考えられる。

2-6　足部変形と靴

　全身の骨は発達に伴い成長していく。新生児の全身の骨は約 300 個で大人の骨の数（206 個）より多く，脊柱の生理的弯曲もなく直線的であるが，抗重力活動に伴い大人の骨に近づいていく。立位保持することで股関節に体重の負荷がかかり，中殿筋の活動により前捻角・頸体角ができ，寛骨臼に大腿骨頸部が収納されより強固な安定性ができる。2 足歩行の人間は，このように体重支持

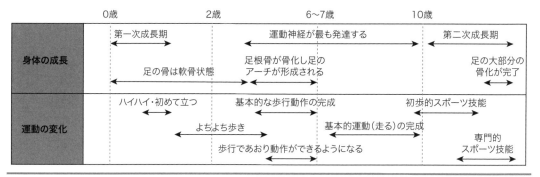

図 2-21　身体の成長と運動の進化図
（文献 32 より引用）

や抗重力活動に伴って全身の骨が形成されていく。

足部のアーチは，歩き始める頃にはまだ完成されていない。動作に安定性が確保されるようになると，3歳頃から立位姿勢が安定するように足部アーチの形成が始まり，舟状骨高が増加する 6 歳頃までに形成されていく。その時期までは，アーチを形成する足部の骨化が進み，運動機能の向上とともにアーチ高率が増加すると考えられる。足部形態が著しく変化する 7 歳頃までは，足部の成長にとって重要な時期であると考えられる[31]（図 2-21）[32]。

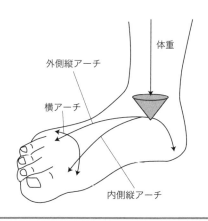

図 2-22　足部アーチの体重を支持する機構

ウィンドラスの巻き上げ機構は，下腿から足部への体重負荷を 1 点に集中することなく拡散するために重要である。歩行時のショックアブソーバ（緩衝装置）として働く，人間特有の支持機構である。そのため，足部アーチが完成されていなければ，体重の負担が集中し，その影響から運動器疾患につながる恐れがある（図 2-22）。

アーチが完成されていない足部は，扁平足として知られ，多くは内側の舟状骨が床面に接地する。近年，このような扁平足の子どもが増えているという報告がみられる。子どもの足部の発達には，幼児期の運動が重要だと指摘されている。子どもの時期の運動不足は，足部アーチを発達させるための筋力や，体重を支持する機構を低下させる。外反扁平足の程度が大きい場合は，足部からの体重支持機構に破綻が生じていることになるので，踵立ち歩行練習，外側荷重歩行練習，タオルギャザーなどの運動や，アーチサポートの足底板の挿入が必要となる[33]。外反扁平足の児童は，跳躍能力に差が生じることが知られ，足部で生じる力学的な反応が適切に使えない状況である[34]。子どもは成長や運動の発達とともに，アーチが形成されていく。

足部アーチの完成に靴の重要性も指摘されている。幼児期の足部の成長は著しく，その成長に合わせて靴の買い替えは十分に行われておらず，足部に合わない靴や底の薄い靴を履き続けている子どもをよく見かける。そのため，体重を支持する足部の機構が保障されないまま動き続けることで，通常活動しなくてはいけない筋ではなく，その他の筋の活動が優位となる可能性がある。

このように，足部の発達が不十分であると扁平足になる可能性が高い。扁平足は，運動器疾患の

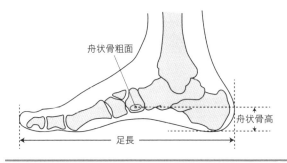

図 2-23 アーチ高率の測定方法
(文献 35 より改変引用)

原因となる可能性が指摘されている。扁平足は足部が回内した状態で，上行性の運動連鎖で膝は外反し，股関節は内転・内旋する。または，下行性の影響で股関節が外転・外旋し，膝関節が内反して足部の外側接地を矯正するために，足部の回内運動が生じて下肢の安定性を保障する戦略となる場合もある。どのアライメントも，過剰な運動や運動の偏向の影響よりも，子どもの時から運動不足で，どちらかというと低緊張で下肢の支持機構ができていないことが原因となる場合が多い。扁平足では，体を支え地面を蹴る力の伝達効率が悪く，結果として運動が苦手となる可能性が高い。

幼児期から足部の定期的な評価を行い，幼児期に生じる扁平足を予防する必要がある。評価は，**図 2-23** のように舟状骨の高さを測定する方法がよく用いられ，アーチ高率が低いと扁平足との判断となる[35]。その場合，内側アーチをつけた足底板を装着し，舟状骨の高さを上げて，扁平足を修正する。足部アーチをつくることは，足部を回外方向へ誘導することとなり，その誘導によって下腿が内側に近づくことを予防する。このように足部のアライメントは，下腿-大腿-骨盤とその上のアライメントを変えることとなる。

2-7　運動と心肺運動耐容能

成人では，最大酸素摂取量がトレーニングによって増大するという報告は数多い[36]。しかし，同様の結果が子どもに当てはまるという報告はほとんどない。平均 12 歳の子どもに対して，1 日 30 分の有酸素性トレーニングを 12 週行った結果，体重当たりの最大酸素摂取量が 7％ 増加した報告などがあるが，エビデンスが十分でない[37]。10～11 歳の 35 名（男児 18 名，女児 17 名）が，13 週のランニングトレーニングプログラム（3 回/週，1 回当たり 1 時間，最大心拍数の 80％ より高い負荷）を実施した群と，実施しない 50 名を比較した[38]。最大酸素摂取量がトレーニング群では 42.3 ± 7.7 mL/分/kg から 45.3 ± 7.5 mL/分/kg へと有意に増大したが，対照群では変化がなかった。変化は男児よりも女児で大きい傾向にあったが，女児は最初の計測時に最大酸素摂取量が低かったことが影響している。

新生児の呼吸機能から，徐々に大人に近い，呼吸数が少なく 1 回換気量が多い呼吸へと変化する（**表 2-10**）[39]。我々は，幼児から学童期の呼吸筋力を測定した[40]。**表 2-11**[40] に示すように，年齢に応じて呼吸筋力が増大しているが，運動との関連性については不明である。しかし，運動量

子どもの発達から考える運動指導法ー体力と運動能力を伸ばすプログラムー

表 2-10　年齢と呼吸機能

	新生児	5歳	10歳	15歳	成 人
呼吸数（回/分）	30	24	20	16	12
1回換気量（mL）	20	100	225	375	450
死腔（mL）	8	35	75	125	150
分時換気量（mL/分）	600	2,400	4,500	6,000	6,000
肺胞換気量（mL/分）	360	1,560	3,000	4,200	4,200

（文献 39 より引用）

表 2-11　性別と年齢別の呼吸筋の圧力との関係

グループ	男 児			女 児		
	I	II	III	I	II	III
最大吸気圧(cmH$_2$O)	40.5±19.0	53.8±19.6[a]	70.3±20.5[b,c]	38.1±15.0	54.4±14.0[a]	57.2±21.2[b]
最大呼気圧(cmH$_2$O)	45.1±13.5	56.6±14.6[a]	63.1±16.4[b]	39.4±14.5	52.7±16.0[a]	55.7±17.8[b]

n=218
グループ I：3～6歳，グループ II：7～9歳，グループ III：10～12歳。
$p < 0.001$　a：グループ I 対 II，b：グループ I 対 III，c：グループ II 対 III。
（文献 40 より引用）

が増し体型が大きくなるにしたがって呼吸筋力も増大し，運動に適した呼吸機能を身につけることができる。

2-8　運動能力を伸ばす時期

　3～6歳の就学前の子どもが遊びを通じて身体活動を十分に行うことは，運動能力を養い多様な身体動作を習得するうえでの基礎となる。1歳になる頃から2足歩行を始め，飛躍的に運動能力が発達し，その後外界との関係を持ち，道具や遊具を利用し，ルールを守り，行動の仕方を学習する基本とする。**図 2-24** はスキャモンの成長曲線に合わせて，動きの質を高める時期を表わしているが，基本的な動きの能力は9歳までに発達し，その後に技術が発達していくことがわかる[5]。さらに，その基本的な動きが基盤となり，調整力（器用さ）の発達に影響を及ぼす（**図 2-25**）[41]。子どもが身につけている動きの種類が多く，動きの質が高いほど，調整力が高くなるという仮説が提案されている。子どもにさまざまな状況で多くの動きを経験させ，その状況に応じた適切で効率のよい動き（動きの技術）を身につけさせることが，器用に動ける子どもを育てることに役立つ[41]。身体活動（有酸素性運動）によって脳由来神経栄養因子（brain-derived neurotrophic factor：BDNF）の分泌が促され，脳神経の可塑的な変化に大きな影響を及ぼす。身体運動だけにとどまらず，記憶や認知機能に大きな影響を及ぼす[42]。

　文部科学省による幼児期運動指針では，「動きの多様化」に関して，動きの種類を「体のバランスをとる動き」「体を移動させる動き」「用具などを操作する動き」の3つの基本的な内容に分類している[43]。

● **体のバランスをとる動き（バランス系）**：立つ，座る，寝ころぶ，起きる，回る，転がる，渡る，

ぶら下がる，など。
- **体を移動させる動き（移動系）**：歩く，走る，はねる，跳ぶ，登る，下りる，這う，よける，すべる，など。
- **用具などを操作する動き（操作系）**：持つ，運ぶ，投げる，捕る，転がす，蹴る，積む，漕ぐ，掘る，押す，引く，など。

動作の獲得と習熟は，乳幼児期からの反射や原始的な動きを土台にして環境に適応しながら段階的に進んでいく（**図2-26**）[44]。幼少期には運動スキルと認知スキルが同時並行的に発達したり，7〜9歳頃にかけて体肢の協調的動きや外界への適応を可能にする空間的身体図式が形成される[45]。幼児期から児童期には，単純動作から，体肢の協調を伴った複雑動作がより習熟した形で遂行可能になる過程があり，この時期の運動の重要性が指摘されている[46〜48]。

「動きの洗練化」とは，年齢とともに基本的な動きや運動の仕方（動作様式）がうまくなっていくことを意味する。幼児期初期には，運動の実施時にぎこちなさ，力みなどが目立ち，習熟度が低い状態だったのが，繰り返し実施することで円滑となり，無駄な動きや過剰な力みが軽減していく。目的に応じて合理的な動きが可能となるように，運動学習が進行していく。

最近の5歳児の動きは，20年前の3歳児と同等のレベルであり，幼児の動きの獲得水準が低く未熟であることが示されている[49]。この時期の成長不足は将来的な体の基本構造を作るのに大きな影響を及ぼすことが考えられる。Shumway-Cookらは，15ヵ月〜10歳の子どもを対象として立位姿勢の調整機能の発達特性を研究し，4〜6歳頃に一時的な退行現象がみられたと報告している[50]。この時期の退行現象は，新たな神経ネットワークの構築やスキルの獲得前後に観察され，発達における移行期とされる。

頭部や体幹，四肢など体節を定位したバランス機能は，6，7歳が発達の変換点とされ[50, 51]，この影

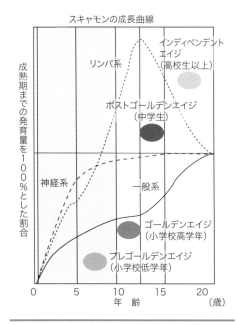

図2-24 人の発達・成長における幼少期（1〜9歳）の位置づけ
- 人としての直立歩行が確立
- 自律的にも集団的にも活発な，そして複雑な身体活動を獲得
- 日常的に身体活動を行える条件が生理的に整う
- 神経系の発達が完成する
→動きの質を高めるためには幼少期（1〜9歳）が最も重要

（文献5より引用）

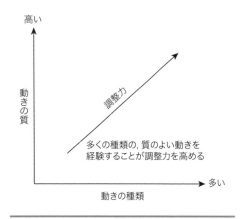

図2-25 調整力（器用さ）と動きの関係：金原のモデル
（文献41より引用）

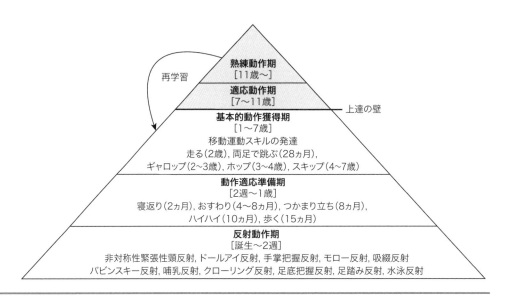

図 2-26　運動発達の段階
（文献 44 より引用）

響は思春期頃の身体コントロールにも影響を及ぼす可能性がある[52]。そのため，思春期までの姿勢制御能力を考えた時に，6，7歳と思春期は発達的転換点とされる。6，7歳の時期は姿勢制御の戦略レパートリーを獲得し，思春期の時期はタスクや環境に合わせた戦略を選択していくようになる[53]。

　小学4年生頃から運動スキルレベルの低い子どもが増えてくることなどから，それ以前の幼児期からなんらかの介入が必要である。Bernettら[54]は，児童期の基本的運動スキルの高さは，思春期での活動性の高さや運動活動への参加行動につながると示唆している。このように，児童期までの運動はその後の運動技術だけではなく，社会的な関係性の構築にも影響を及ぼすことが考えられる。体を動かすことは1人または複数人で実施することが多いが，自然とその運動に関してコミュニケーションが生まれてくる。その社会活動の向上は肥満などの危険性のリスクも軽減させる。

■参考文献

1) 山田大輔：平成25年度全国体力・運動能力・運動習慣等調査：調査結果の全体傾向と同一集団における縦断的アプローチによる検討．体育の科学，65：283-289，2015．
2) 内藤久士：子どものスポーツ・体力づくりのあり方を考える．日臨スポーツ医会誌，22：221-223，2014．
3) 春日晃章：幼稚園・保育所において求められる環境づくり．体育の科学，65：266-270，2015．
4) 松田雅弘 他：千葉県内の子どもロコモティブシンドロームの現状把握と予防意識の調査．調査研究ジャーナル，5：111-119，2016．
5) 宮地元彦：子どもの身体活動・運動と生育環境．体育の科学：64：753-757，2014．
6) 大江隆史：ロコモを構成する疾患．臨床スポーツ医学，32：236-240，2015．
7) 柴田輝明：検診から見えてきた現代子どもたちの身体的特徴-子どものロコモ・ロコチェック-．日臨スポーツ医会誌，22：237-240，2014．
8) 鳥居　俊：「はいはい」の意義について考える．子どもと発育発達，12：54-55，2014．

9) 原　光彦：児童生徒の運動習慣と生活習慣病. 日医誌, 143：824-827, 2014.

10) 川上泰雄 他：子どもの動きと筋力. 体育の科学 64：770-775, 2014.

11) 崎向幸江 他：日本人小児期・思春期の肥満の頻度の横断的・縦断的研究. 肥満研究, 19：101-110, 2013.

12) van Dam RM et al：The relationship between overweight in adolescence and premature death in women. Ann Intern Med, 145（2）：91-97, 2006.

13) Katzmarzyk PT et al：Relationship between lifestyle behaviors and obesity in children ages 9-11: Results from a 12-country study. Obesity, 23：1696-1702, 2015.

14) 原　光彦：小児の肥満と運動, 日臨スポーツ医会誌, 24（2）：175-178, 2016.

15) 原　光彦 他：子どものスポーツの必要性について. 日臨スポーツ医会誌, 18：173-176, 2010.

16) 吉永正夫 他：行動療法（生活習慣改善）による小学生の肥満予防と治療に関する研究. 厚生労働省科学研究　未成年者, 特に幼児, 小・中学生の糖尿等の生活習慣病予防のための総合検診のあり方に関する研究　平成 24 年度〜26 年度　総合研究報告書. 55-67, 2011.

17) 吉永正夫：小児の肥満・メタボリックシンドロームと運動. 日臨スポーツ医会誌, 22：224-227, 2014.

18) 中江悟司：1 日 1 万歩？. In：日本体育協会 監, アクティブチャイルド 60 min.−子どもの身体活動ガイドライン−. サンライフ企画, 東京, 128-129, 2010.

19) Baba R et al：Risk of obesity enhanced by poor physical activity in high school students. Pediatr Int, 48：268-273, 2006.

20) Huang TT et al：Specificity, and predictive values of pediatric metabolic syndrome components in relation to adult metabolic syndrome: the Princeton LRC follow-up study. J Pediatr, 152（2）：185-190, 2008.

21) 佐々木英嗣 他：住民健診からわかる子どもにおける OA の危険因子. 日臨スポーツ医会誌, 22：241-245, 2014.

22) Stovitz SD et al：Musculoskeletal pain in obese children and adolescents. Acta Paediatr, 97：489-493, 2008.

23) Nantel J et al：Locomotor strategies in obese and non-obese children. Obesity（Silver Spring）14：1789-1794, 2006.

24) 奥脇　透：中高生におけるスポーツ外傷の現況−災害共済給付制度より−. 日臨スポーツ医会誌, 22：269-271, 2014.

25) McCrory P et al：Consensus statement on concussion in sport: the 4th International Conference on Concussion in Sport, Zurich, November 2012. J Athl Train, 48: 554-575, 2013.

26) Consensus statement on concussion in sport: the 4th International Conference on Concussion in Sport held in Zurich, November 2012. Br J Sports Med, 47（5）：250-258, 2013.

27) 石井壮郎：少年野球投手のためのモーション・シンセサイザー. 日臨スポーツ医会誌, 22: 5183-5183, 2014.

28) MacKelvie KJ et al：A school-based exercise intervention elicits substantial bone health benefits: a 2-year randomized controlled trial in girls. Pediatrics, 112：e447, 2003.

29) 亀山　泰：成長期にみられる難治性疲労骨折の診断と治療. 日臨スポーツ医会誌. 22：217-220, 2014.

30) Devas MB. Stress fracture, Churchill Livingstone, Edinburgh, 1975.

31) 荒木智子 他：幼児における足部形態. 成長会誌, 13；3-10, 2007.

32) 株式会社アシックス：子どもの身体と足の特徴 .http://www.asics.com/jp/ja-jp/kids/kids-feet-body-characteristics（閲覧日：2018 年 1 月 15 日）

33) 和田郁雄：外反扁平足．小児科診療，4：513-518，2015.

34) 尾田　敦 他：学童期および少年期の扁平足と基礎的運動能力との関連性について．理学療法学（会議録），2009.

35) 野本真広 他：端座位および直立位における足趾圧迫力とアーチ高率との関係−臨床的な足部の機能と構造の評価の検討−．リハビリテーション科学ジャーナル，8：53-59，2013.

36) American College of Sports Medicine. The recommended quantity and quality of exercise for developing and maintaining cardiorespiratory and muscular fitness in healthy adults. Med Sci Sports Exerc, 22：263-274, 1990.

37) Rowland TW et al：Aerobic response to endurance exercise training in children. Pediatrics, 96：654-658, 1995.

38) Mandigout S et al：Effect of gender in response to an aerobic training programme in prepubertal children. Acta Paediatr, 90：9-15, 2001.

39) 西田裕介：内部機能（呼吸・循環・代謝）の発達と障害．In:リハビリテーションのための人間発達学，第2版，大城昌平 編，メディカルプレス，東京，217-234，2016.

40) Tagami M et al：Maximal respiratory pressure in healthy Japanese children. J Phys Ther Sci, 29：515–518, 2017.

41) 阿江通良：子どもの動きの発達：体育的運動・遊びの体系的確立の提案．体育の科学，64：758-764，2014.

42) 野崎大地：子どもの動きと脳．体育の科学，64（11）：765-769，2014.

43) 日本発育発達学会 編：幼児期運動指針実践ガイド−よくわかる！　今すぐはじめる！−，杏林書院，東京，1-16，2014.

44) 佐々木玲子：幼児に必要な動きの発達に関するエビデンス．体育の科学，65：241-246，2015.

45) Roncesvalles MN et al：From egocentric to exocentric spatial orientation: development of posture control in bimanual and trunk inclination tasks. J Mot Behav, 37：404-416, 2005.

46) 森下はるみ 他：ホップ系リズム動作の発達とトレーニングの適時性．体育の科学，45：439-444，1995.

47) Sasak R：Developmental characteristics of temporal control of movement in preschool and school children of different ages. Percept Mot Skills, 85：1455-1467, 1997.

48) Getchell N：Age and task-related differences in timing stability, consistency, and natural frequency of children's rhythmic, motor coordination. Dev Psychobiol, 48：675-685, 2006.

49) 中村和彦 他：観察的評価法による幼児の基本的動作様式の発達．発育発達研究，51：1-18，2011.

50) Shumway-Cook A et al：The growth of stability：postural control from a development perspective. J Mot Behav, 17：131-147, 1985.

51) Assaiante C：Development of locomotor balance control in healthy children. Neurosci Biobehav Rev, 22：527-532, 1998.

52) Assaiante C et al：Development of postural control in healthy children: functional approach. Neural Plast, 12：109-118, 2005.

53) Assaiante C：Action and representation of action during childhood and adolescence: a functional approach. Neurophysiol Clin, 42：43-51, 2012.

54) Barnett LM et al：Childhood motor skill proficiency as a predictor of adolescent physical activity. J Adolesc Health, 44：252-259, 2009.

（松田　雅弘）

3 運動機能のチェックポイント

3-1 身体計測

3-1-1 身　長（図 3-1, 表 3-1[1]）

■目的
体格や発育を表わす最もよく使用される指標で，BMI や呼吸機能などの推定値にも使用される。

■準備
1. 台つきの身長計や壁掛けの身長計を用意する。
2. 子どもは裸足になっておく。

■測定方法
1. 子どもは踵をそろえて直立姿勢となり，両つま先を約 30°開く。
2. 踵，殿部，背中，頭が身長計や壁につくように，背筋を伸ばして立つ。
3. その際，耳たぶの上縁と眼球下縁（眼窩下縁）とを結ぶ線が水平になるように頭を保つ（耳眼水平位）。

■記録
単位はセンチメートル（cm）とし，小数第 2 位以下は四捨五入し，0.1 cm 単位で記録する。

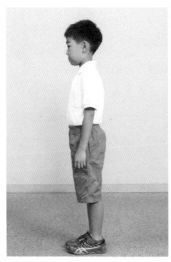 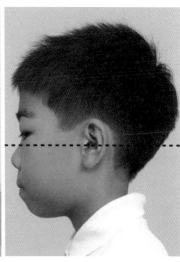

図 3-1　身長を測定する時の姿勢
耳たぶの上縁と眼球下縁（眼窩下縁）とを結ぶ線が水平になるように頭を保つ。

子どもの発達から考える運動指導法ー体力と運動能力を伸ばすプログラムー

表 3-1　身長・体重　2016 年度（平成 28 年度）学校保健統計調査による測定結果

		年　齢（歳）	身　長（cm）		体　重（kg）	
			平均値	標準偏差	平均値	標準偏差
男子	幼稚園	5	110.4	4.7	18.9	2.6
	小学校	6	116.5	4.9	21.4	3.4
		7	122.5	5.1	24.0	4.1
		8	128.1	5.4	27.2	5.1
		9	133.6	5.7	30.6	6.2
		10	138.8	6.2	34.0	7.3
		11	145.2	7.1	38.4	8.5
	中学校	12	152.7	8.0	44.0	9.7
		13	159.9	7.6	48.8	9.8
		14	165.2	6.7	53.9	9.7
	高等学校	15	168.3	5.9	58.7	10.5
		16	169.9	5.9	60.5	10.1
		17	170.7	5.8	62.5	10.2
女子	幼稚園	5	109.4	4.7	18.5	2.5
	小学校	6	115.6	4.9	20.9	3.2
		7	121.5	5.1	23.5	3.9
		8	127.2	5.5	26.4	4.7
		9	133.4	6.1	29.8	5.7
		10	140.2	6.8	34.0	7.0
		11	146.8	6.7	39.0	7.9
	中学校	12	151.9	5.9	43.7	8.0
		13	154.8	5.4	47.2	7.6
		14	156.5	5.3	50.0	7.5
	高等学校	15	157.1	5.3	51.7	7.8
		16	157.5	5.3	52.6	7.6
		17	157.8	5.4	52.9	7.7

（文献 1 より引用）

■ポイント

● 測定者は，自分の目の高さと目盛りの高さを合わせる。

● 継続的に測る場合，日内変動を考慮する必要があるため，午前中の同じ時間帯に計測を行う。

3-1-2　体　重（表 3-1）[1]

■目的

　身長と同様に体格や発育を表わす指標であり，栄養や運動などの生活習慣の影響を受ける健康状態の指標の 1 つである。

第 3 章　運動機能のチェックポイント

表 3-2　BMI の幼児・学童用判定基準

BMI	判　定
20 以上	肥満
18 〜 20 未満	肥満ぎみ
15 〜 18 未満	正常
13 〜 15 未満	やせぎみ
13 未満	やせ

（文献 3 より引用）

表 3-3　成人の肥満度分類[*]

BMI	判　定
40 以上	肥満（4 度）
35 〜 40 未満	肥満（3 度）
30 〜 35 未満	肥満（2 度）
25 〜 30 未満	肥満（1 度）
18.5 〜 25 未満	普通体重
18.5 未満	低体重

* BMI 35 以上を高度肥満と定義する。
（文献 2 より引用）

■準備

1. 子どもは，測定前に排尿を済ませ，極力薄着になっておく。
2. 体重計を用意し，衣服の重さを測定値から差し引く。

■測定方法

子どもは体重計にゆっくりと乗り，静止する。

■記録

単位はキログラム（kg）とし，小数第 2 位以下は四捨五入し，0.1 kg 単位で記録する。

■ポイント

- 体重計は水平な床の上に設置する。
- 薄着になるため，室内温度に注意する。

3-1-3　BMI（Body Mass Index）[2]

■目的

体格を表わす指数。

■計算方法

BMI ＝ 体重（kg）÷ 身長の 2 乗（m^2）

■判定基準

表 3-2[3]，**表 3-3**[2] 参照。

■ポイント

- BMI は出生から乳児期後半まで急速に増加し，幼児期後半から 6 歳前後で低値となり，その後は成長の終了まで増加していく。
- 急激な増減がないか経過を追うことが重要である。

63

子どもの発達から考える運動指導法ー体力と運動能力を伸ばすプログラムー

表 3-4　標準体重を求める係数

年齢 (歳)	男　子		女　子	
	a	b	a	b
5	0.386	23.699	0.377	22.75
6	0.461	32.382	0.458	32.079
7	0.513	38.878	0.508	38.367
8	0.592	48.804	0.561	45.006
9	0.687	61.39	0.652	56.992
10	0.752	70.461	0.73	68.091
11	0.782	75.106	0.803	78.846
12	0.783	75.642	0.796	76.934
13	0.815	81.348	0.655	54.234
14	0.832	83.695	0.594	43.264
15	0.766	70.989	0.56	37.002
16	0.656	51.822	0.578	39.057
17	0.672	53.642	0.598	42.339

（文献 5 より引用）

表 3-5　判定基準

肥満度	判　定
50%以上	高度肥満
30 〜 49.9%	中等度肥満
20 〜 29.9%	軽度肥満
− 19.9 〜 19.9%	正常
− 29.9 〜 − 20%	やせ
− 30%以下	高度やせ

（文献 5 より引用）

表 3-6　痩身傾向児と肥満傾向児の男女別割合（%）

年齢 (歳)	男　子		女　子	
	痩身傾向児	肥満傾向児	痩身傾向児	肥満傾向児
5	0.24	2.68	0.44	2.44
6	0.45	4.35	0.40	4.24
7	0.41	5.74	0.64	5.18
8	1.16	7.65	1.07	6.63
9	1.48	9.41	1.86	7.17
10	2.49	10.01	2.99	7.86
11	2.94	10.08	2.99	8.31
12	2.75	10.42	4.29	8.57
13	2.04	8.28	3.47	7.46
14	1.84	8.04	2.67	7.70
15	3.07	10.95	2.30	8.46
16	2.25	9.43	1.84	7.36
17	2.21	10.64	1.51	7.95

（文献 1 より引用）

3-1-4　肥満傾向児・痩身傾向児の判定方法 [4, 5]

■目的

　一般的な標準体重に対して，実測体重が何パーセント増減しているかを表わす。

■計算方法

1. 標準体重（kg）＝ a × 身長（cm）− b
   （係数は**表 3-4** 参照）
2. 肥満度（%）＝〔自分の体重（kg）− 標準体重（kg）〕÷ 標準体重（kg）×100

■判定基準

　表 3-5 参照。

■ポイント

- 標準体重の算出式はいくつか報告されているので，作成背景を考慮して使用する。
- やせている子どもと肥満児の割合（**表 3-6**）[1] を把握しておくことは，運動指導を行ううえで必要である。

第 3 章　運動機能のチェックポイント

3-2　運動機能

3-2-1　運動器検診

　現代の子どもたちでは，運動不足による体力不足や運動能力の低下と，運動を行いすぎることによるスポーツ障害という，二極化した問題が深刻化している[6]。運動器の健康状態を把握し，運動器疾患・障害を早期発見するために，2016 年 4 月 1 日より小学校 1 年生〜高等学校 3 年生を対象に新しい運動器検診（**表 3-7**）が施行されている。これまでの研究報告から**表 3-7** の 4 項目中 1 つでも行えなかった子どもは 4 割近くいるとの報告もある[7]。

3-2-2　年代ごとの運動テスト

　運動の指示にしたがって各テストを実施できるようになる 4 〜 6 歳児には，幼児の運動能力調査による 6 種目のテスト[8] が，小学生以降は新体力テストによる 8 種目のテスト[9] が実施されている（**表 3-8**）。

　表 3-9，**表 3-10**[8] には幼児の運動能力調査の採点基準を，**表 3-11**，**表 3-12**[9] には新体力テストの採点基準をそれぞれ示している。各種目の実測値から年齢別の総合評価点数を出し，経年的な児童の変化を追っていく。

表 3-7　運動器検診

項　目	運動要素
片脚立ちがふらつかず 5 秒以上できるか	バランス能力
しゃがみ込みができるか	柔軟性
両腕の垂直挙上（耳の後ろまで）ができるか	柔軟性
体前屈で，膝を伸ばしたまま指が楽に床につくか	柔軟性

表 3-8　年代ごとの運動テスト

幼児の運動能力調査（幼児期）		新体力テスト（6 〜 11 歳）[*]	
項　目	運動要素	項　目	運動要素
25 m 走	速度（スピード）	握力	筋力（最大筋力）
立ち幅跳び	筋力（瞬発力）	上体起こし	筋力（筋持久力）
ボール投げ	協応性	長座体前屈	柔軟性
両足連続跳び越し	敏捷性	反復横とび	敏捷性
体支持持続時間	筋力（筋持久力）	20 m シャトルラン	持久力
捕球	協応性	50 m 走	速度（スピード）
往復走[**]	速度（スピード）	立ち幅とび	筋力（瞬発力）
		ソフトボール投げ	協応性

[*] 12 〜 19 歳用は，20 m シャトルランの代わりに持久走でもよく，ソフトボール投げの代わりにハンドボール投げを行う。
[**] 往復走は 25 m 走が行えない場合の代替種目。

子どもの発達から考える運動指導法－体力と運動能力を伸ばすプログラム－

表 3-9A　幼児の運動能力調査の得点表：男児

項　目	年　齢	点　数				
		5	4	3	2	1
25m走(秒)	4歳0ヵ月～4歳5ヵ月	～6.7	6.8～7.5	7.6～8.4	8.5～9.8	9.9～
	4歳6ヵ月～4歳11ヵ月	～6.2	6.3～6.8	6.9～7.6	7.7～8.7	8.8～
	5歳0ヵ月～5歳5ヵ月	～5.9	6.0～6.5	6.6～7.2	7.3～8.0	8.1～
	5歳6ヵ月～5歳11ヵ月	～5.7	5.8～6.1	6.2～6.7	6.8～7.4	7.5～
	6歳0ヵ月～6歳5ヵ月	～5.4	5.5～5.9	6.0～6.4	6.5～7.1	7.2～
	6歳6ヵ月～6歳11ヵ月	～5.3	5.4～5.7	5.8～6.3	6.4～6.8	6.9～
立ち幅跳び(cm)	4歳0ヵ月～4歳5ヵ月	～104	103～86	85～65	64～45	44～
	4歳6ヵ月～4歳11ヵ月	～114	113～99	98～81	80～59	58～
	5歳0ヵ月～5歳5ヵ月	～122	121～105	104～87	86～66	65～
	5歳6ヵ月～5歳11ヵ月	～131	130～115	114～98	97～77	76～
	6歳0ヵ月～6歳5ヵ月	～139	138～123	122～105	104～84	83～
	6歳6ヵ月～6歳11ヵ月	～142	141～126	125～107	106～85	84～
ソフトボール投げ(m)	4歳0ヵ月～4歳5ヵ月	～6.0	5.5～4.5	4.0～3.0	2.5～1.5	1.0～0.0
	4歳6ヵ月～4歳11ヵ月	～7.5	7.0～5.0	4.5～3.5	3.0～2.5	2.0～0.0
	5歳0ヵ月～5歳5ヵ月	～8.5	8.0～6.5	6.0～4.5	4.0～2.5	2.0～0.0
	5歳6ヵ月～5歳11ヵ月	～10.0	9.5～7.5	7.0～5.0	4.5～3.0	2.5～0.0
	6歳0ヵ月～6歳5ヵ月	～12.0	11.5～8.5	8.0～5.5	5.0～3.5	3.0～0.0
	6歳6ヵ月～6歳11ヵ月	～12.5	12.0～9.0	8.5～6.0	5.5～4.5	4.0～0.0
テニスボール投げ(m)	4歳0ヵ月～4歳5ヵ月	～7.0	6.5～5.0	4.5～3.5	3.0～2.5	2.0～0.0
	4歳6ヵ月～4歳11ヵ月	～9.0	8.5～6.5	6.0～4.5	4.0～3.0	2.5～0.0
	5歳0ヵ月～5歳5ヵ月	～10.0	9.5～7.5	7.0～5.0	4.5～3.5	3.0～0.0
	5歳6ヵ月～5歳11ヵ月	～11.5	11.0～8.5	8.0～6.0	5.5～4.0	3.5～0.0
	6歳0ヵ月～6歳5ヵ月	～14.0	13.5～10.0	9.5～7.0	6.5～4.5	4.0～0.0
	6歳6ヵ月～6歳11ヵ月	～15.0	14.5～10.5	10.0～8.0	7.5～5.5	5.0～0.0
両足連続跳び越し(秒)	4歳0ヵ月～4歳5ヵ月	～5.1	5.2～6.3	6.4～9.0	9.1～14.2	14.3～
	4歳6ヵ月～4歳11ヵ月	～4.8	4.9～5.7	5.8～7.2	7.3～11.2	11.3～
	5歳0ヵ月～5歳5ヵ月	～4.5	4.6～5.2	5.3～6.3	6.4～9.1	9.2～
	5歳6ヵ月～5歳11ヵ月	～4.1	4.2～4.9	5.0～5.8	5.9～7.9	8.0～
	6歳0ヵ月～6歳5ヵ月	～4.0	4.1～4.7	4.8～5.5	5.6～6.9	7.0～
	6歳6ヵ月～6歳11ヵ月	～3.9	4.0～4.6	4.7～5.4	5.5～6.7	6.8～
体支持持続時間(秒)	4歳0ヵ月～4歳5ヵ月	180～41	40～19	18～7	6～2	1～0
	4歳6ヵ月～4歳11ヵ月	180～61	60～30	29～12	11～4	3～0
	5歳0ヵ月～5歳5ヵ月	180～74	73～38	37～17	16～5	4～0
	5歳6ヵ月～5歳11ヵ月	180～109	108～54	53～25	24～9	8～0
	6歳0ヵ月～6歳5ヵ月	180～126	125～64	63～31	30～11	10～0
	6歳6ヵ月～6歳11ヵ月	180～154	153～76	75～36	35～14	13～0
捕球(回)	4歳0ヵ月～4歳5ヵ月	10～8	7～4	3～1	0	
	4歳6ヵ月～4歳11ヵ月	10～9	8～6	5～3	2～0	
	5歳0ヵ月～5歳5ヵ月	10	9～8	7～4	3～2	1～0
	5歳6ヵ月～5歳11ヵ月	10	9	8～6	5～2	1～0
	6歳0ヵ月～6歳5ヵ月		10	9～7	6～4	3～0
	6歳6ヵ月～6歳11ヵ月		10	9～8	7～5	4～0

（文献 8 より引用）

第3章　運動機能のチェックポイント

表3-9B　幼児の運動能力調査の得点表：女児

項　目	年　齢	点　数				
		5	4	3	2	1
25m走(秒)	4歳0ヵ月〜4歳5ヵ月	〜7.0	7.1〜7.8	7.9〜8.6	8.7〜10.0	10.1〜
	4歳6ヵ月〜4歳11ヵ月	〜6.4	6.5〜7.1	7.2〜7.9	8.0〜9.0	9.1〜
	5歳0ヵ月〜5歳5ヵ月	〜6.2	6.3〜6.7	6.8〜7.4	7.5〜8.3	8.4〜
	5歳6ヵ月〜5歳11ヵ月	〜5.8	5.9〜6.3	6.4〜6.9	7.0〜7.6	7.7〜
	6歳0ヵ月〜6歳5ヵ月	〜5.6	5.7〜6.0	6.1〜6.6	6.7〜7.2	7.3〜
	6歳6ヵ月〜6歳11ヵ月	〜5.5	5.6〜5.9	6.0〜6.4	6.5〜7.0	7.1〜
立ち幅跳び(cm)	4歳0ヵ月〜4歳5ヵ月	〜94	93〜79	78〜62	61〜44	43〜
	4歳6ヵ月〜4歳11ヵ月	〜104	103〜88	87〜72	71〜55	54〜
	5歳0ヵ月〜5歳5ヵ月	〜114	113〜96	95〜78	77〜62	61〜
	5歳6ヵ月〜5歳11ヵ月	〜121	120〜105	104〜89	88〜72	71〜
	6歳0ヵ月〜6歳5ヵ月	〜127	126〜110	109〜94	93〜77	76〜
	6歳6ヵ月〜6歳11ヵ月	〜130	129〜113	112〜95	94〜78	77〜
ソフトボール投げ(m)	4歳0ヵ月〜4歳5ヵ月	〜4.0	3.5	3.0〜2.5	2.0〜1.5	1.0〜0.0
	4歳6ヵ月〜4歳11ヵ月	〜5.0	4.5〜4.0	3.5〜3.0	2.5〜2.0	1.5〜0.0
	5歳0ヵ月〜5歳5ヵ月	〜5.5	5.0〜4.5	4.0〜3.0	2.5〜2.0	1.5〜0.0
	5歳6ヵ月〜5歳11ヵ月	〜6.5	6.0〜5.0	4.5〜3.5	3.0〜2.5	2.0〜0.0
	6歳0ヵ月〜6歳5ヵ月	〜7.5	7.0〜5.5	5.0〜4.0	3.5〜3.0	2.5〜0.0
	6歳6ヵ月〜6歳11ヵ月	〜8.0	7.5〜6.0	5.5〜4.5	4.0〜3.0	2.5〜0.0
テニスボール投げ(m)	4歳0ヵ月〜4歳5ヵ月	〜5.5	5.0〜4.0	3.5〜3.0	2.5〜2.0	1.5〜0.0
	4歳6ヵ月〜4歳11ヵ月	〜6.0	5.5〜4.5	4.0〜3.5	3.0〜2.5	2.0〜0.0
	5歳0ヵ月〜5歳5ヵ月	〜6.5	6.0〜5.0	4.5〜4.0	3.5〜2.5	2.0〜0.0
	5歳6ヵ月〜5歳11ヵ月	〜7.5	7.0〜5.5	5.0〜4.0	3.5〜3.0	2.5〜0.0
	6歳0ヵ月〜6歳5ヵ月	〜8.5	8.0〜6.5	6.0〜5.0	4.5〜3.5	3.0〜0.0
	6歳6ヵ月〜6歳11ヵ月	〜9.0	8.5〜7.0	6.5〜5.5	5.0〜4.0	3.5〜0.0
両足連続跳び越し(秒)	4歳0ヵ月〜4歳5ヵ月	〜5.3	5.4〜6.4	6.5〜8.7	8.8〜13.3	13.4〜
	4歳6ヵ月〜4歳11ヵ月	〜4.7	4.8〜5.8	5.9〜7.6	7.7〜11.8	11.9〜
	5歳0ヵ月〜5歳5ヵ月	〜4.5	4.6〜5.3	5.4〜6.4	6.5〜9.2	9.3〜
	5歳6ヵ月〜5歳11ヵ月	〜4.3	4.4〜5.0	5.1〜5.9	6.0〜7.7	7.8〜
	6歳0ヵ月〜6歳5ヵ月	〜4.1	4.2〜4.8	4.9〜5.6	5.7〜7.0	7.1〜
	6歳6ヵ月〜6歳11ヵ月	〜4.1	4.2〜4.7	4.8〜5.5	5.6〜6.5	6.6〜
体支持持続時間(秒)	4歳0ヵ月〜4歳5ヵ月	180〜42	41〜19	18〜7	6〜2	1〜0
	4歳6ヵ月〜4歳11ヵ月	180〜62	61〜29	28〜12	11〜4	3〜0
	5歳0ヵ月〜5歳5ヵ月	180〜78	77〜36	35〜16	15〜5	4〜0
	5歳6ヵ月〜5歳11ヵ月	180〜103	102〜53	52〜25	24〜9	8〜0
	6歳0ヵ月〜6歳5ヵ月	180〜126	125〜64	63〜32	31〜13	12〜0
	6歳6ヵ月〜6歳11ヵ月	180〜139	138〜68	67〜35	34〜15	14〜0
捕球(回)	4歳0ヵ月〜4歳5ヵ月	10〜7	6〜4	3〜1	0	
	4歳6ヵ月〜4歳11ヵ月	10〜8	7〜5	4〜2	1〜0	
	5歳0ヵ月〜5歳5ヵ月	10〜9	8〜7	6〜4	3〜0	
	5歳6ヵ月〜5歳11ヵ月	10	9〜8	7〜5	4〜2	1〜0
	6歳0ヵ月〜6歳5ヵ月		10〜9	8〜6	5〜3	2〜0
	6歳6ヵ月〜6歳11ヵ月		10	9〜7	6〜4	3〜0

（文献8より引用）

子どもの発達から考える運動指導法―体力と運動能力を伸ばすプログラム―

表 3-10　幼児の運動能力調査の判定基準表

段　階	合計点（点）
A	24 ～ 30
B	20 ～ 23
C	17 ～ 19
D	13 ～ 16
E	6 ～ 12

（文献 8 より引用）

表 3-11A　新体力テストの項目別得点表：6 ～ 11 歳

男　子								
得点	握　力 （kg）	上体起こし （回）	長座体前屈 （cm）	反復横とび （点）	20 m シャトルラン（回）	50 m 走 （秒）	立ち幅とび （cm）	ソフトボール投げ（m）
10	26 ～	26 ～	49 ～	50 ～	80 ～	～ 8.0	192 ～	40 ～
9	23 ～ 25	23 ～ 25	43 ～ 48	46 ～ 49	69 ～ 79	8.1 ～ 8.4	180 ～ 191	35 ～ 39
8	20 ～ 22	20 ～ 22	38 ～ 42	42 ～ 45	57 ～ 68	8.5 ～ 8.8	168 ～ 179	30 ～ 34
7	17 ～ 19	18 ～ 19	34 ～ 37	38 ～ 41	45 ～ 56	8.9 ～ 9.3	156 ～ 167	24 ～ 29
6	14 ～ 16	15 ～ 17	30 ～ 33	34 ～ 37	33 ～ 44	9.4 ～ 9.9	143 ～ 155	18 ～ 23
5	11 ～ 13	12 ～ 14	27 ～ 29	30 ～ 33	23 ～ 32	10.0 ～ 10.6	130 ～ 142	13 ～ 17
4	9 ～ 10	9 ～ 11	23 ～ 26	26 ～ 29	15 ～ 22	10.7 ～ 11.4	117 ～ 129	10 ～ 12
3	7 ～ 8	6 ～ 8	19 ～ 22	22 ～ 25	10 ～ 14	11.5 ～ 12.2	105 ～ 116	7 ～ 9
2	5 ～ 6	3 ～ 5	15 ～ 18	18 ～ 21	8 ～ 9	12.3 ～ 13.0	93 ～ 104	5 ～ 6
1	～ 4	～ 2	～ 14	～ 17	～ 7	13.1 ～	～ 92	～ 4
女　子								
得点	握　力 （kg）	上体起こし （回）	長座体前屈 （cm）	反復横とび （点）	20 m シャトルラン（回）	50 m 走 （秒）	立ち幅とび （cm）	ソフトボール投げ（m）
10	25 ～	23 ～	52 ～	47 ～	64 ～	～ 8.3	181 ～	25 ～
9	22 ～ 24	20 ～ 22	46 ～ 51	43 ～ 46	54 ～ 63	8.4 ～ 8.7	170 ～ 180	21 ～ 24
8	19 ～ 21	18 ～ 19	41 ～ 45	40 ～ 42	44 ～ 53	8.8 ～ 9.1	160 ～ 169	17 ～ 20
7	16 ～ 18	16 ～ 17	37 ～ 40	36 ～ 39	35 ～ 43	9.2 ～ 9.6	147 ～ 159	14 ～ 16
6	13 ～ 15	14 ～ 15	33 ～ 36	32 ～ 35	26 ～ 34	9.7 ～ 10.2	134 ～ 146	11 ～ 13
5	11 ～ 12	12 ～ 13	29 ～ 32	28 ～ 31	19 ～ 25	10.3 ～ 10.9	121 ～ 133	8 ～ 10
4	9 ～ 10	9 ～ 11	25 ～ 28	25 ～ 27	14 ～ 18	11.0 ～ 11.6	109 ～ 120	6 ～ 7
3	7 ～ 8	6 ～ 8	21 ～ 24	21 ～ 24	10 ～ 13	11.7 ～ 12.4	98 ～ 108	5
2	4 ～ 6	3 ～ 5	18 ～ 20	17 ～ 20	8 ～ 9	12.5 ～ 13.2	85 ～ 97	4
1	～ 3	～ 2	～ 17	～ 16	～ 7	13.3 ～	～ 84	～ 3

（文献 9 より引用）

第3章　運動機能のチェックポイント

表 3-11B　新体力テストの項目別得点表：12 ～ 19 歳

得点	握　力(kg)	上体起こし(回)	長座体前屈(cm)	反復横とび(点)	持久走(1,500 m)(分)	20 m シャトルラン (回)	50 m 走(秒)	立ち幅とび(cm)	ハンドボール投げ (m)
					男　子				
10	56 ～	35 ～	64 ～	63 ～	～ 4'59"	125 ～	～ 6.6	265 ～	37 ～
9	51 ～ 55	33 ～ 34	58 ～ 63	60 ～ 62	5'00" ～ 5'16"	113 ～ 124	6.7 ～ 6.8	254 ～ 264	34 ～ 36
8	47 ～ 50	30 ～ 32	53 ～ 57	56 ～ 59	5'17" ～ 5'33"	102 ～ 112	6.9 ～ 7.0	242 ～ 253	31 ～ 33
7	43 ～ 46	27 ～ 29	49 ～ 52	53 ～ 55	5'34" ～ 5'55"	90 ～ 101	7.1 ～ 7.2	230 ～ 241	28 ～ 30
6	38 ～ 42	25 ～ 26	44 ～ 48	49 ～ 52	5'56" ～ 6'22"	76 ～ 89	7.3 ～ 7.5	218 ～ 229	25 ～ 27
5	33 ～ 37	22 ～ 24	39 ～ 43	45 ～ 48	6'23" ～ 6'50"	63 ～ 75	7.6 ～ 7.9	203 ～ 217	22 ～ 24
4	28 ～ 32	19 ～ 21	33 ～ 38	41 ～ 44	6'51" ～ 7'30"	51 ～ 62	8.0 ～ 8.4	188 ～ 202	19 ～ 21
3	23 ～ 27	16 ～ 18	28 ～ 32	37 ～ 40	7'31" ～ 8'19"	37 ～ 50	8.5 ～ 9.0	170 ～ 187	16 ～ 18
2	18 ～ 22	13 ～ 15	21 ～ 27	30 ～ 36	8'20" ～ 9'20"	26 ～ 36	9.1 ～ 9.7	150 ～ 169	13 ～ 15
1	～ 17	～ 12	～ 20	～ 29	9'21" ～	～ 25	9.8 ～	～ 149	～ 12

得点	握　力(kg)	上体起こし(回)	長座体前屈(cm)	反復横とび(点)	持久走(1,000 m)(分)	20 m シャトルラン (回)	50 m 走(秒)	立ち幅とび(cm)	ハンドボール投げ (m)
					女　子				
10	36 ～	29 ～	63 ～	53 ～	～ 3'49"	88 ～	～ 7.7	210 ～	23 ～
9	33 ～ 35	26 ～ 28	58 ～ 62	50 ～ 52	3'50" ～ 4'02"	76 ～ 87	7.8 ～ 8.0	200 ～ 209	20 ～ 22
8	30 ～ 32	23 ～ 25	54 ～ 57	48 ～ 49	4'03" ～ 4'19"	64 ～ 75	8.1 ～ 8.3	190 ～ 199	18 ～ 19
7	28 ～ 29	20 ～ 22	50 ～ 53	45 ～ 47	4'20" ～ 4'37"	54 ～ 63	8.4 ～ 8.6	179 ～ 189	16 ～ 17
6	25 ～ 27	18 ～ 19	45 ～ 49	42 ～ 44	4'38" ～ 4'56"	44 ～ 53	8.7 ～ 8.9	168 ～ 178	14 ～ 15
5	23 ～ 24	15 ～ 17	40 ～ 44	39 ～ 41	4'57" ～ 5'18"	35 ～ 43	9.0 ～ 9.3	157 ～ 167	12 ～ 13
4	20 ～ 22	13 ～ 14	35 ～ 39	36 ～ 38	5'19" ～ 5'42"	27 ～ 34	9.4 ～ 9.8	145 ～ 156	11
3	17 ～ 19	11 ～ 12	30 ～ 34	32 ～ 35	5'43" ～ 6'14"	21 ～ 26	9.9 ～ 10.3	132 ～ 144	10
2	14 ～ 16	8 ～ 10	23 ～ 29	27 ～ 31	6'15" ～ 6'57"	15 ～ 20	10.4 ～ 11.2	118 ～ 131	8 ～ 9
1	～ 13	～ 7	～ 22	～ 26	6'58" ～	～ 14	11.3 ～	～ 117	～ 7

（文献 9 より引用）

表 3-12A　新体力テストの総合評価基準表：6 ～ 11 歳

段　階	6 歳	7 歳	8 歳	9 歳	10 歳	11 歳
A	39 ～	47 ～	53 ～	59 ～	65 ～	71 ～
B	33 ～ 38	41 ～ 46	46 ～ 52	52 ～ 58	58 ～ 64	63 ～ 70
C	27 ～ 32	34 ～ 40	39 ～ 45	45 ～ 51	50 ～ 57	55 ～ 62
D	22 ～ 26	27 ～ 33	32 ～ 38	38 ～ 44	42 ～ 49	46 ～ 54
E	～ 21	～ 26	～ 31	～ 37	～ 41	～ 45

表 3-12B　新体力テストの総合評価基準表：12 ～ 19 歳

段　階	12 歳	13 歳	14 歳	15 歳	16 歳	17 歳	18 歳	19 歳
A	51 ～	57 ～	60 ～	61 ～	63 ～	65 ～	65 ～	65 ～
B	41 ～ 50	47 ～ 56	51 ～ 59	52 ～ 60	53 ～ 62	54 ～ 64	54 ～ 64	54 ～ 64
C	32 ～ 40	37 ～ 46	41 ～ 50	41 ～ 51	42 ～ 52	43 ～ 53	43 ～ 53	43 ～ 53
D	22 ～ 31	27 ～ 36	31 ～ 40	31 ～ 40	31 ～ 41	31 ～ 42	31 ～ 42	31 ～ 42
E	～ 21	～ 26	～ 30	～ 30	～ 30	～ 30	～ 30	～ 30

（文献 9 より引用）

3-3 柔軟性

3-3-1 上　肢
3-3-1-1 両腕の垂直拳上ができるか（運動器検診）（図 3-2）

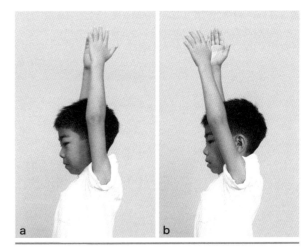

図 3-2　両腕の垂直拳上ができるか
a：可，b：不可

■目的

肩まわりの柔軟性と障害の有無を確認する。

■準備

子どもは，肘や肩関節周囲が見える服装になる。

■測定方法
1. 子どもは，足を肩幅に開き，リラックスして立つ。
2. 両肘を伸ばした状態で，両腕を同時に，前方から耳の横まで持ち上げる。

■記録
1. 両腕を耳の後ろまで上げることができたかの可否を記載する。
2. 腕の上がり方に左右差がある場合は，「左は耳の横まで上がるが，右は目の高さまでだった」，「右肘が少し曲がってしまう」などと具体的に記載する。

■ポイント
- 肩の痛みがある場合や可動域に左右差がある場合，具体的に動作の特徴を記載しておくことで，変化を追いやすくなる。

3-3-1-2 中指－中指間距離（middle finger-middle finger-distance：MMD）（図 3-3）
■目的

肩甲骨と肩関節の柔軟性を確認する。

■準備
1. 布のメジャー（巻き尺）を準備する。
2. 肩や肘に痛みがないか，事前に確認しておく。

■測定方法
1. 子どもは立位にて，背中で両手指を上方と下方から斜めに近づける。
2. 息を止めずに，反動をつけないでゆっくりと行う。

第3章　運動機能のチェックポイント

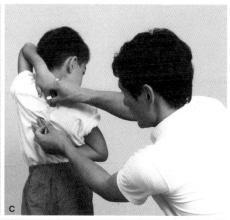

図 3-3　中指−中指間距離
a：右は，両手の中指がつくので0 cmと記録する。**b**：左は，反対側の動作と比べ，右肩の伸展・内転・内旋の動きが硬い。**c**：左は両手の中指の間の最短距離を記録する。

3. 痛みがある場合は，痛みが出現する直前までゆっくりと動かす。
4. 右，左，右，左の順にそれぞれ2回行う。

■記録

1. 上方の手が右か左かで，左右の中指指尖間の距離を布メジャーにて測定する。
2. 両側中指先端が触れる以上に可動性がある場合は，0 cmと記録する。
3. 左右2回の測定値の平均値を記録する。

■ポイント

- 上方からまわす腕は肩関節屈曲・外転・外旋，肘関節屈曲，前腕回外，手関節橈屈し，下方からまわす腕は肩関節伸展・内転・内旋，肘関節屈曲，前腕回内，手関節背屈・橈屈と，逆の動きを見ることができる[10]。

3-3-2　下　肢
3-3-2-1　しゃがみ込みができるか（運動器検診）（図 3-4）
■目的

下半身（股関節，膝関節，足関節）の柔軟性と障害の有無を確認する。

■準備

子どもは，裸足で両踵とつま先をつけて立つ。

■測定方法

1. 子どもは，立った姿勢から物に触れずに床にしゃがみ込む。
2. 測定は2回行い，よいほうの記録を採用する。

図 3-4 しゃがみ込みができるか
a：可，b：不可

■記録
1. 足の裏全体を床につけたまましゃがむことができるかどうか，動作の可否を記録する。
2. 左右の踵やつま先が離れた場合，踵が床から浮いた場合は，動作を不可とする。

■ポイント
- 動作の可否を見るが，どのタイミングで踵が浮くか，動作終了時の頭の位置などを別途記録しておくと，変化を追いやすくなる。
- 膝の痛み（オスグッド病など）や半月板損傷，アキレス腱の痛みなどがないかも確認する。

3-3-2-2 体前屈で膝を伸ばしたまま指が楽に床につくか（運動器検診）（図 3-5）
■目的
背筋と太ももの後ろの筋の硬さと，障害の有無を確認する。

■準備
1. 腰や膝裏に痛みがないか，事前に確認しておく。
2. 子どもは裸足で，両踵とつま先をつけて立つ。

■測定方法
1. 子どもは立位にて，膝関節を伸ばした状態で，指先を伸ばしたまま体幹を前屈する。
2. 息を止めずに，反動をつけないでゆっくりと行う。
3. 痛みがある場合は，痛みが出現する直前までゆっくりと動かす。

■記録
1. 指が床につくかどうか，動作の可否を記録する。
2. 踵やつま先が床から浮いた場合，膝が曲がった場合は，動作を不可とする。

図 3-5 体前屈で膝を伸ばしたまま指が楽に床につくか
a：可，b：不可，c：数値で記録する場合は，30 cm ほどの台上に立ち，台より下を＋，上を－とし，指尖部と床面の最短距離を布メジャーで測定する。

■ポイント
- 腰の痛みや側弯の有無を同時に確認する。
- 指床間距離（finger-floor-distance：FFD）ともいう[11]。FFD を数値で記録する場合は，布メジャーと高さ 30 cm ほどの台を準備する。台上に立ち，上記の方法と同様に体幹を前屈する。台より下を＋，上を－とし，指尖部と床面の最短距離を布メジャーで測定する。2 回測定し，平均値を記録する。

3-3-2-3　長座体前屈（新体力テスト）（図 3-6[9]，表 3-13[12]）
■目的
太ももの後ろの筋の硬さを確認する。

■準備
1. 幅約 22 cm・高さ約 24 cm・奥行き約 31 cm の箱 2 個（A4 コピー用紙の箱など），段ボール厚紙 1 枚（横 75 〜 80 cm× 縦約 31 cm），ガムテープ，スケール（1 m 巻き尺または 1 m ものさし）を準備する。
2. 高さ約 24 cm の箱を左右約 40 cm 離して平行に置く。その上に段ボール厚紙をのせ，ガムテープで厚紙と箱を固定する。床から段ボール厚紙の上面までの高さは 25 cm（±1 cm）とする。
3. 右または左の箱の横にスケールを置く。

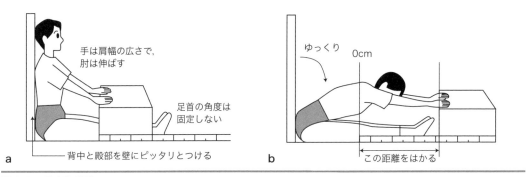

図 3-6　長座体前屈
a：初期姿勢，b：動作
（文献 9 より引用）

■測定方法

1. 子どもは靴を脱いで，背中と殿部を壁にぴったりとつけ，両脚を 2 つの箱の間に入れて長座姿勢をとる。ただし，足首の角度は固定しない。両手は肩幅の広さで手のひらを下にし，手のひらの中央付近が厚紙の手前の端にかかるように置く。胸を張って両肘を伸ばしたまま両手で箱を手前に十分引きつけ，背筋を伸ばす（初期姿勢）。
2. 初期姿勢時のスケールのゼロ点（基準点）の位置は，初期姿勢をとった時の箱の手前右または左の角に合わせる。
3. 両手を厚紙から離さずにゆっくりと前屈し，箱全体をまっすぐ前方にできるだけ遠くまで滑らせる。最大に前屈した後に厚紙から手を離す。

表 3-13　長座体前屈の年齢別平均値：6〜19 歳
（2016 年度体力・運動能力調査による測定結果）

年齢	男子		女子	
（歳）	平均値 (cm)	標準偏差	平均値 (cm)	標準偏差
6	26.3	6.6	28.2	6.3
7	27.9	6.8	30.8	6.8
8	29.3	7.1	32.5	6.9
9	30.3	7.0	34.1	7.1
10	33.2	7.3	36.9	7.1
11	36.0	8.2	40.1	8.0
12	39.2	9.2	43.5	9.3
13	43.6	9.9	46.2	9.1
14	47.5	10.5	47.8	9.8
15	47.4	10.6	47.0	10.3
16	49.5	10.7	47.8	10.5
17	51.6	11.2	49.2	10.5
18	48.2	10.5	46.9	10.0
19	47.9	10.7	46.4	10.2

（文献 12 より引用）

■記録

1. 初期姿勢から最大前屈時の箱の移動距離をスケールから読み取る。
2. 単位はセンチメートル（cm）とし，1 cm 未満は切り捨てる。
3. 2 回実施して，よいほうの記録（大きい値）をとる。

■ポイント

- 前屈時に膝が曲がらないように注意する。
- 箱をまっすぐ前方に移動できない場合は，ガイドレールを設けてもよい。

3-3-2-4　踵殿間距離（図3-7）

■目的

太ももの前の筋の硬さを確認する。

■準備

1. 布メジャーを準備する。
2. 膝関節に可動域制限がないか，痛みがないかを事前に確認する。

■測定方法

1. うつ伏せで膝の曲げ伸ばしを行わせ，踵が殿部につくかを見る。
2. 左右のバランスがよいかを見る。
3. 痛みがある場合は，痛みが出現する直前までゆっくりと動かす。

■記録

1. 踵が殿部につくかどうか，動作の可否を記録する。
2. 踵が殿部につかない場合は，坐骨結節と踵の最短距離を布メジャーにて測定する。
3. 単位はセンチメートル（cm）とし，1 cm未満は切り捨てる。
4. 2回実施して，よいほうの記録（小さい値）をとる。

■ポイント

- 尻上がりテスト，踵殿テストともいう。
- 踵が殿部につかない場合は，大腿直筋が短縮している可能性がある。
- 踵殿間距離や膝関節屈曲角度，骨盤の挙上の有無の評価から，大腿直筋の短縮や腰椎椎間関節の損傷，神経根病変，仙腸関節病変などが示唆される。

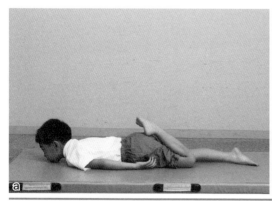 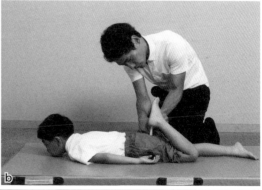

図3-7　踵殿間距離
a：踵が殿部につくかどうか，動作の可否を記録する。**b**：踵が殿部につかない場合は，坐骨結節と踵の最短距離を布メジャーにて測定する。

3-4 筋　力

3-4-1　最大筋力
3-4-1-1　握　力（新体力テスト）（図3-8，表3-14[13]，表3-15[12]）
■目的
上肢の最大筋力を知ることで，全身の筋力を推定する。

■準備
握力計を準備する。

■測定方法
1. 握力計の指針が外側になるように持ち，人差し指の第2関節が直角になるように握りの幅を調節する。
2. 直立の姿勢で両足を左右に自然に開き，腕を自然に下げ，握力計を身体や衣服に触れないようにして力いっぱい握る。

■記録
1. 単位はキログラム（kg）とし，小数点以下は切り捨てる。
2. 右左交互に2回ずつ実施する。
3. 新体力テストの採点では，左右それぞれのよいほうの記録を平均し，1 kg未満を四捨五入する。

■ポイント
- 測定時は握力計を振り回したり，上体や肘を曲げたりしないように注意する。

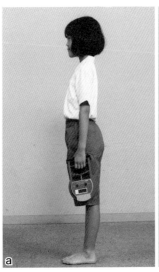

図3-8　握力
a：直立の姿勢で両足を左右に自然に開き，腕を自然に下げ，握力計が身体や衣服に触れないようにして，力いっぱい握る。b：握力計の指針が外側になるように持ち，人差し指の第2関節が直角になるように握りの幅を調節する。

第3章　運動機能のチェックポイント

表3-14　握力の年齢別平均値：幼児期

年齢 （歳）	男　児 平均値（kg）	女　児 平均値（kg）
3.5	3.9	3.5
4.0	4.9	3.9
4.5	5.4	5.3
5.0	6.2	5.3
5.5	7.1	6.3
6.0	8.1	7.3
6.5	9.1	8.4

（文献13より引用）

● 握力は全身の筋肉量や筋力を反映して
　いると考えられている。

表3-15　握力の年齢別平均値：6～19歳
（2016年度体力・運動能力調査による測定結果）

年齢 （歳）	男　子 平均値（kg）	標準偏差	女　子 平均値（kg）	標準偏差
6	9.4	2.3	8.8	2.2
7	11.2	2.6	10.4	2.3
8	12.8	2.9	12.0	2.6
9	14.9	3.1	14.0	3.0
10	17.0	3.7	16.4	3.7
11	19.8	4.2	19.7	4.4
12	24.4	6.3	22.0	4.4
13	30.0	7.1	24.4	4.3
14	35.0	7.3	25.7	4.5
15	38.5	7.1	26.1	4.8
16	40.3	7.3	26.7	5.2
17	42.5	7.5	26.9	5.1
18	41.6	6.5	26.7	4.9
19	41.7	6.9	26.9	4.8

（文献12より引用）

3-4-2　筋パワー

3-4-2-1　立ち幅跳び（幼児の運動能力調査）（新体力テスト）
（図3-9[8,9]，図3-10，表3-16[14]，表3-17[12]）

■目的

全身の協応性や下肢の筋パワーを合わせて把握する。

■準備

1. 屋外で行う場合は砂場，メジャー，ほうき，砂ならしを用意し，砂場の手前（30 cm～1 m）に踏み切り線を引く。
2. 屋内で行う場合はマット，メジャー，ラインテープを用意し，マットを壁につけて敷く。マットの手前（30 cm～1 m）の床にラインテープを貼り，踏み切り線とする。
3. 幼児の場合は裸足で実施し，テープにて踏み切り線に約10 cm間隔で足を置く位置を示す。

■測定方法

1. 子どもは両足を軽く開き，つま先が踏み切り線にそろうように立つ。
2. 両足で同時に踏み切って前方へ跳ぶ。
3. 身体が砂場（マット）に触れた最も踏み切り線に近い位置と，踏み切り前の両足の中央の位置とを結ぶ直線の距離を計測する。
4. 幼児の運動能力調査ではメジャーの0（ゼロ）の目盛を踏み切り線の手前に合わせ，新体力テストでは踏み切り線の前端に合わせる。

77

子どもの発達から考える運動指導法―体力と運動能力を伸ばすプログラム―

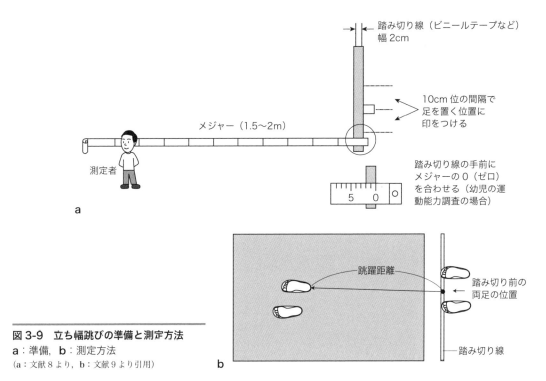

図3-9 立ち幅跳びの準備と測定方法
a：準備，b：測定方法
(a：文献8より，b：文献9より引用)

図3-10 立ち幅跳びの測定
a, c：子どもは両足を軽く開き，つま先が踏み切り線にそろうように立つ（写真では，幼児の運動能力調査にのっとり，踏み切り線の手前に立っている）。b, d：両足で同時に踏み切って前方へ跳ぶ。

表 3-16 立ち幅跳びの年齢別の平均値：幼児期
（2008 年度の全国調査による測定結果）

年齢 (歳)	男児 平均値(cm)	男児 標準偏差	女児 平均値(cm)	女児 標準偏差
4.0	76.3	19.5	71.7	17.8
4.5	86.5	19.5	79.7	17.7
5.0	93.0	20.0	86.0	18.3
5.5	103.1	18.6	96.0	17.1
6.0	111.4	18.5	102.8	16.1
6.5	113.8	19.5	102.5	17.2

（文献 14 より引用）

表 3-17 立ち幅跳びの年齢別平均値：6～19歳
（2016 年度体力・運動能力調査による測定結果）

年齢 (歳)	男子 平均値(cm)	男子 標準偏差	女子 平均値(cm)	女子 標準偏差
6	114.4	17.8	107.4	16.3
7	126.3	17.7	117.8	16.5
8	136.3	17.4	127.6	17.3
9	145.3	18.6	138.9	18.8
10	153.7	18.9	148.0	19.4
11	166.6	19.9	156.4	21.5
12	182.0	23.5	166.3	21.8
13	199.7	23.5	172.3	22.7
14	213.3	22.8	174.9	22.6
15	220.6	22.0	172.3	22.8
16	223.9	22.4	172.9	24.9
17	231.4	22.0	174.3	25.3
18	229.9	22.9	168.6	23.9
19	231.3	21.8	169.9	23.0

（文献 12 より引用）

■記録
1. 単位はセンチメートル（cm）とし，小数点以下は切り捨てる。
2. 2 回実施してよいほうの記録をとる。

■ポイント
- 測定者が実施前に見本を見せる。
- 踏み切り線から砂場（マット）までの距離は，子どもの実態によって加減する。
- 二重踏切や片足踏切をした際は，測定をやり直す。

3-4-3　筋持久力

3-4-3-1　体支持持続時間（幼児の運動能力調査）（図 3-11[8]，図 3-12，表 3-18[14]）

■目的

上肢，体幹の筋持久力を確認する。

■準備
1. 高さ 70 cm ほどの長机 2 つ，ストップウォッチ，ビニールテープ（2～3 cm），補助台を準備する。
2. 2 つの机の内側縁にテープを貼る。

■測定方法
1. 子どもを机と机の間に入れ，補助台に乗せる。机は肩幅の位置になるように置く。
2. 机上のビニールテープに指が触れないように机に両手を置かせ，肘を伸ばさ

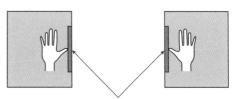

1～2mm の幅でテープを貼り，
この線にかからないように台の上に手を置く

図 3-11　体支持持続時間の準備
（文献 8 より引用）

子どもの発達から考える運動指導法―体力と運動能力を伸ばすプログラム―

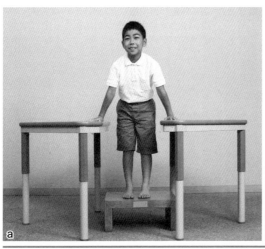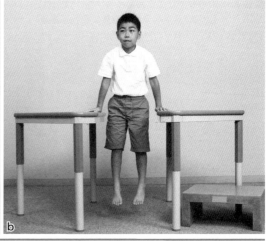

図 3-12　体支持持続時間の測定
a：子どもは机と机の間の補助台に乗り，机上のビニールテープに指が触れないように両手を置き，肘を伸ばす。b：「用意，始め」の合図で補助台を取り除き，測定を始める。

　　せる。
3. 測定者は「用意，始め」の合図で補助台を取り除き，測定を始める。
4. 測定時に肘が曲がったり，身体の一部が机に触れた場合は，すぐに修正するように注意を与える。

■記録
1. 両腕で体重を支えられなくなるまでの時間を測定する。
2. 単位は秒とする（○分○秒ではなく，○○秒で記録する）。
3. 1回実施する。

表 3-18　体支持持続時間の年齢別平均値：幼児期（2008年度の全国調査による測定結果）

年齢 (歳)	男児 平均値 (秒)	男児 標準偏差	女児 平均値 (秒)	女児 標準偏差
4.0	18.2	18.0	16.6	16.7
4.5	24.1	20.8	26.8	22.8
5.0	33.8	28.5	31.9	26.5
5.5	44.8	33.7	45.2	34.2
6.0	57.7	40.3	53.8	39.0
6.5	64.1	42.7	54.0	36.2

（文献14より引用）

■ポイント
- 足が浮いていても，机に肘をついたり，手のひら以外の部分が机に触れた場合は終了とする。
- 測定者はどの子どもに対しても同じように「がんばれ」「あと少し」などと応援する。終始応援するのではなく，子どもの表情を確認し，限界に近くなった頃から集中的に応援するとよい。
- 測定終了時に後方に倒れやすいため，けが防止のために床にマットを敷いておくとよい。
- 長机で2人同時に測定する場合，子ども同士の影響をなくすために，背中合わせにして測定する。
- 子どもが1人でスタート姿勢をとれない場合，測定者が腰を介助してスタート姿勢をとらせるが，最初の支持が行えない場合は記録を「0秒」とする。

3-4-3-2　上体起こし（新体力テスト）（図3-13，表3-19[12]）

■目的
体幹，股関節屈曲筋（太ももを持ち上げる筋）の筋持久力を確認する。

■準備
マットと補助者1名を準備する。

■測定方法
1. 子どもはマット上で仰向けとなり，両手を軽く握り両腕を胸の前で組む。両膝を90°に曲げて保つ。
2. 補助者は子どもの両膝を押さえて固定する。
3. 「始め」の合図で，子どもは仰向けから両肘と両太ももがつくまで上体を起こし，すばやく開始時の仰向け姿勢に戻る。

表3-19　上体起こしの年齢別平均値：6～19歳
（2016年度体力・運動能力調査による測定結果）

年齢（歳）	男子 平均値（回）	男子 標準偏差	女子 平均値（回）	女子 標準偏差
6	11.6	5.6	11.3	5.2
7	14.6	5.5	13.9	5.1
8	16.5	5.7	16.0	5.3
9	18.7	5.5	17.9	5.3
10	20.8	5.5	19.3	4.9
11	22.7	5.4	20.5	5.0
12	24.6	5.6	21.3	5.4
13	28.4	5.7	24.3	5.7
14	30.3	5.8	25.1	5.8
15	29.8	5.9	23.4	6.0
16	31.3	6.3	24.5	6.7
17	32.9	6.2	24.5	6.9
18	30.7	6.0	23.3	6.1
19	30.6	5.6	23.3	6.3

（文献12より引用）

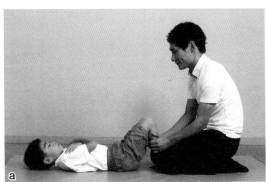

図3-13　上体起こしの測定
a：子どもはマット上で仰向けとなり，両手を軽く握り両腕を胸の前で組む。両膝は90°に曲げて保つ。補助者は子どもの両膝を押さえて固定する。
b：「始め」の合図で，子どもは両肘と両太ももがつくまで上体を起こし，すばやく開始時の仰向け姿勢に戻る。
c：両腕を前に突き出して太ももや膝に触らないように気をつける。

■記録
1. 30秒間にできるだけ多く繰り返し，両肘と両太ももがついた回数を記録する。
2. 1回実施する。

■ポイント
- 仰向け姿勢に戻った時に背中（肩甲骨の下端）がマットにつかない場合は，回数としない。

3-5 速　度（スピード）

3-5-1　25 m 走（幼児の運動能力調査）（図 3-14[8]，図 3-15，表 3-20[14]）

■目的
全身の協応性や下肢の筋力を合わせて確認する。

■準備
1. ストップウォッチ，旗（スタート合図用1本，25 m地点用2本），ゴールテープを準備する。
2. 30 mの直走路を作り，25 mの位置（測定ライン）に印をつけて旗を2本立て，ゴールテープを30 mの位置（ゴールライン）に貼る。

■測定方法
1. 子どもはスタートラインを踏まないように両足を前後に開き，「用意」の姿勢をとる。

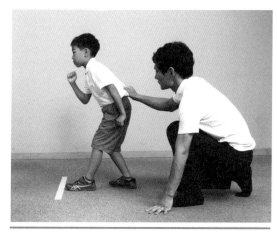

図 3-15　25 m 走：「用意」の姿勢と補助者

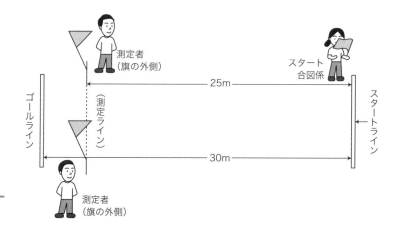

図 3-14　25 m 走の準備
（文献8より引用）

2. 合図係はスタートラインの3～5m斜め前方に立ち，「用意，ドン」の合図とともに旗を下から上に上げてスタートさせる。
3. 子どもはゴールラインまで走る。

■記録
1. 単位は0.1秒とし，小数第2位以下は切り捨てる。
2. 1回実施する。

■ポイント
- 測定者が実施前に見本を見せる。
- 特に未就学児では周囲の人が応援することで記録がよくなる。
- スタートの合図前に走り出す子どもの場合は，補助者が後ろに立ち，子どもの服の後ろをつまみ，合図とともに離す。
- スタートの合図に気づかない子どもは，背中を軽く押す。

表3-20 25m走の年齢別平均値：幼児期
（2008年度の全国調査による測定結果）

年齢（歳）	男児 平均値（秒）	男児 標準偏差	女児 平均値（秒）	女児 標準偏差
4.0	8.11	1.03	8.44	1.21
4.5	7.33	0.87	7.57	0.99
5.0	6.92	0.82	7.15	0.83
5.5	6.48	0.69	6.66	0.68
6.0	6.19	0.71	6.38	0.59
6.5	6.12	0.61	6.30	0.57

（文献14より引用）

3-5-2 50m走（新体力テスト）（図3-16[9]，表3-21[12]）

■目的
全身の協応性や下肢の筋力を合わせて確認する。

■準備
1. ストップウォッチ，旗（スタート合図用1本）を準備する。
2. 走路はセパレートの直走路とし，曲走路や折り返し走路は使わない。

■測定方法
1. スタートはスタンディングスタートで行う。スパイクやスターティングブロックなどは使用

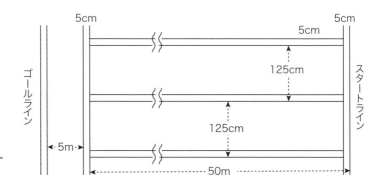

図3-16 50m走の準備
（文献9より引用）

しない。

2. スタートの合図は,「位置について」「用意」の後, 音または声を発すると同時に旗を下から上へ振り上げることで行う。

■記録

1. 頭や肩, 手, 足ではなく, 胴体がゴールライン上に到達するまでの時間を計測する。

2. 単位は 0.1 秒とし, 小数第 2 位以下は切り上げる。

3. 実施は 1 回とする。

■ポイント

● ゴールラインより先まで走らせるようにする。

表 3-21　50 m 走の年齢別平均値：6 〜 19 歳
（2016 年度体力・運動能力調査による測定結果）

年齢（歳）	男 子		女 子	
	平均値（秒）	標準偏差	平均値（秒）	標準偏差
6	11.5	1.0	11.8	1.0
7	10.7	0.9	11.0	0.9
8	10.0	0.8	10.4	0.8
9	9.6	0.8	9.9	0.8
10	9.2	0.8	9.5	0.7
11	8.8	0.7	9.2	0.8
12	8.4	0.8	9.0	0.7
13	7.8	0.7	8.7	0.7
14	7.5	0.6	8.6	0.8
15	7.4	0.5	8.9	0.8
16	7.3	0.6	8.9	1.0
17	7.1	0.6	8.9	1.0
18	7.3	0.6	9.2	1.1
19	7.3	0.5	9.1	0.8

（文献 12 より引用）

3-6　敏捷性

3-6-1　両足連続跳び越し（幼児の運動能力調査）（図 3-17 [8], 表 3-22 [14]）
■目的

前方への敏捷性を確認する。

■準備

1. メジャー, ストップウォッチ, 積み木（幅 5 cm, 高さ 5 cm, 長さ 10 cm 程）10 個を準備する。

2. 屋内の床に 4 m 50 cm の距離を 50 cm ごとにビニールテープで印をつけ, そこに 10 個の積み木を並べる。

3. 最初と最後の積み木から 20 cm の位置にスタートラインとゴールラインをビニールテープで引く。

■測定方法

1. 子どもは,「始め」の合図で, スタートラインから両足をそろえて 10 個の積み木を 1 つずつできるだけ速く, 正確に連続して跳び越す。

2. 測定者は, 子どもがスタートラインから積み木 10 個を跳び終わるまで一緒に移動し, 転倒に備えつつ時間を測定する。

3. 両足をそろえて跳ばない時（両足が積み木の幅以上に離れた場合）や, 積み木を 2 個以上一

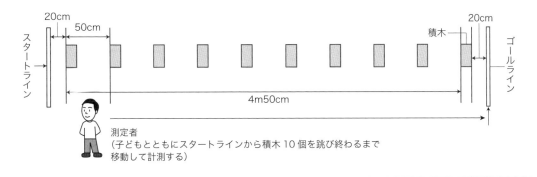

図 3-17　両足連続跳び越しの準備と測定
（文献 8 より引用）

度に跳び越した時，積み木の上に乗ったり，蹴とばして散乱させた時は失敗とする。

■記録

1. 「始め」の合図から，失敗せずに積み木10個を跳び終わるまでの時間を測定する。
2. 単位は0.1秒とし，小数第2位以下は切り捨てる。
3. 2回実施してよいほうの記録をとる。2回目は反対方向から行うとよい。

**表 3-22　両足連続跳び越しの年齢別平均値：幼児期
（2008年度の全国調査による測定結果）**

年齢	男児		女児	
（歳）	平均値（秒）	標準偏差	平均値（秒）	標準偏差
4.0	8.14	3.05	8.17	2.80
4.5	6.89	2.68	6.93	2.22
5.0	6.38	2.15	6.40	1.89
5.5	5.72	1.70	5.63	1.27
6.0	5.25	1.39	5.35	1.18
6.5	5.03	1.10	5.21	0.90

（文献 14 より引用）

■ポイント

- 測定者が実施前に見本を見せる。
- 速さだけを強調するのではなく，1つずつしっかり跳び越すことを強調する。
- 「お休みなしで跳ぶ」「兎さんのように跳ぶ」など，示し方を工夫する。
- 敏捷性は，神経系の円滑な連絡とその伝達速度および筋の収縮速度によって形成され，幼児の姿勢制御は神経機能発達と関連があることも報告されている[15]。

3-6-2　反復横跳び（新体力テスト）（図3-18, 表3-23[12]）

■目的

側方の敏捷性を確認する。

■準備

1. メジャー，ストップウォッチ，ビニールテープを準備する。
2. 屋内外のいずれで実施してもよいが，屋外で行う場合はコンクリート上で実施するのではな

図 3-18 反復横跳びの測定
a：中央ラインをまたいだスタート姿勢。b, c：左右のラインを越すか踏むまでサイドステップする。d：外側のラインを踏んでいない場合はカウントしない。

く，よく整地された安全で滑りにくい場所で実施する。
3. 床の上に，中央ラインと，その両側 100 cm のところに 2 本の平行ラインを引く。

■測定方法
1. 子どもは中央ラインをまたいで立ち，「始め」の合図で右側のラインを越すか踏むまでサイドステップする。
2. 次に中央ラインに戻り，さらに左側のラインを越すかまたは触れるまでサイドステップする。

■記録
1. この運動を 20 秒間繰り返し，各ライン

表 3-23 反復横跳びの年齢別平均値：6〜19 歳
（2016 年度体力・運動能力調査による測定結果）

年齢	男子		女子	
（歳）	平均値（点）	標準偏差	平均値（点）	標準偏差
6	28.1	5.3	27.5	4.5
7	32.2	6.4	31.2	5.5
8	36.3	7.5	35.0	6.8
9	39.7	7.3	38.0	6.7
10	44.0	6.9	42.0	6.6
11	46.7	6.3	43.9	6.3
12	50.3	6.5	46.0	5.7
13	53.4	7.1	47.9	6.0
14	56.5	6.8	48.8	6.0
15	55.7	6.7	47.6	6.1
16	57.3	6.9	48.0	6.7
17	58.7	7.2	48.2	6.8
18	58.0	6.8	47.9	7.3
19	57.8	6.1	48.0	6.6

（文献 12 より引用）

を通過するごとに1点を与える。
2. 2回実施してよいほうの記録をとる。

■ポイント
- テストを同一の子どもに続けて実施しない。
- 外側のラインを踏まなかった場合や乗り越えなかった場合，中央ラインをまたがなかった場合，ジャンプした場合はカウントしない。

3-7　協応性

3-7-1　ボール投げ（幼児の運動能力調査）（図 3-19[8]，表 3-24，表 3-25[14]）
■目的
上肢の協応性と筋パワーを確認する。

■準備
1. ソフトボール1号（外周 26.2～27.2 cm, 重さ 136～146 g），または硬式テニスボール（公認球であまり古いものは不可），メジャーを準備する。
2. 15～20 m 分，1 m 間隔に長さ 6 m の線を引き，間の 50 cm のところに印をつけておく。

■測定方法
1. 子どもは，投球ラインを踏んだり踏み越したりすることなく，助走なしで，利き手の上手投げでボールを投げる。
2. 投げたボールが 6 m の線の外側に落ちた場合はやり直す。

■記録
1. 投球ラインからボールが落下した地点までの最短距離を 50 cm 単位で測定し，50 cm 未満は切り捨てる。

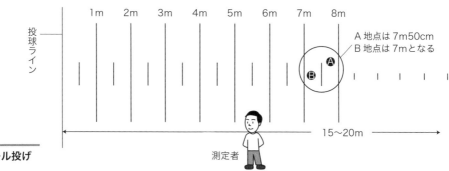

図 3-19　ボール投げ
（文献8より引用）

表3-24 ソフトボール投げの年齢別平均値：幼児期
（2008年度の全国調査による測定結果）

年齢(歳)	男児 平均値(m)	標準偏差	女児 平均値(m)	標準偏差
4.0	3.3	1.5	2.4	0.9
4.5	4.3	1.8	3.1	1.1
5.0	5.2	2.1	3.6	1.3
5.5	6.1	2.4	4.2	1.3
6.0	7.1	2.8	4.8	1.6
6.5	7.7	2.7	5.0	1.7

（文献14より引用）

表3-25 テニスボール投げの年齢別平均値：幼児期
（2008年度の全国調査による測定結果）

年齢(歳)	男児 平均値(m)	標準偏差	女児 平均値(m)	標準偏差
4.0	4.1	1.7	3.1	1.1
4.5	5.2	2.2	3.8	1.3
5.0	6.1	2.6	4.3	1.4
5.5	7.2	2.9	4.9	1.6
6.0	8.8	3.6	5.7	1.8
6.5	9.1	3.8	5.6	1.7

（文献14より引用）

2．2回実施してよいほうの記録をとる。

■ポイント
- 測定者が実施前に見本を見せる。投球ラインを踏まないように立ち，右手投げの場合は左足が前になるなど，上手投げで投げる様子を示す。
- 足の開き方が投球ラインと平行になったり，手と足が逆になっても無理に直すことはしない。
- その場で片足を上げて投球してもよいが，投球ラインを踏み越さないようにする。
- 走る，跳ぶなどの日常的な単純動作と比較して，投げる動作は経験の差や本人の意欲の差に影響される[16]。

3-7-2　ソフトボール投げ・ハンドボール投げ（新体力テスト）
（図3-20 [9]，表3-26 [12]）

■目的
上肢の協応性と筋パワーを確認する。

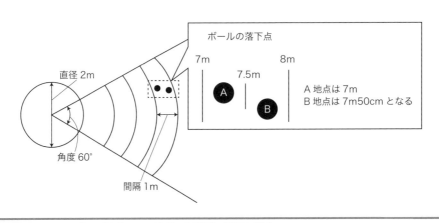

図3-20 ソフトボール投げ・ハンドボール投げの準備と測定
（文献9より引用）

■準備

1. 6〜11歳ではソフトボール1号，12〜19歳ではハンドボール2号（外周54〜56 cm，重さ325〜400 g），メジャーを準備する。
2. 平坦な地面の上に直径2 mの円を描く。円の中心から投球方向に中心角が30°になるように直線を2本引き，1 m間隔に同心円弧の線を引く。

■測定方法

1. 直径2 mの円の中から2回投げる。
2. 円を踏んだり踏み越したりしない。

■記録

1. ボールが落下した地点までの距離を測定する。
2. よいほうの記録をとる。記録はメートル（m）単位とし，1 m未満は切り捨てる。

表3-26 ソフトボール投げ・ハンドボール投げ*の年齢別平均値：6〜19歳
（2016年度体力・運動能力調査による測定結果）

年齢（歳）	男子 平均値（m）	標準偏差	女子 平均値（m）	標準偏差
6	8.7	3.3	5.8	1.9
7	12.3	4.9	7.6	2.4
8	15.9	6.0	9.8	3.2
9	20.3	7.2	12.1	3.8
10	23.5	8.1	14.4	4.8
11	27.2	8.7	16.5	5.4
12	18.6	4.9	12.2	3.7
13	21.6	5.5	13.7	4.2
14	24.0	5.7	14.5	4.4
15	24.8	5.7	14.4	4.5
16	25.6	6.2	14.7	4.6
17	27.2	6.4	15.1	4.8
18	26.0	6.1	14.0	4.1
19	26.2	6.1	14.3	4.0

*：6〜11歳はソフトボール投げ，12〜19歳はハンドボール投げ
（文献12より引用）

3-7-3 捕　球（幼児の運動能力調査）（図3-21[8]，表3-27[14]）

■目的
ボール操作能力，動いている物体に対して視覚情報から身体を適応させる能力を確認する。

■準備

1. ゴムボール（直径約12〜15 cm，重さ150 g），ポール（170 cm以上）2本，ポールスタンド2個，細めの布製のひも，ラインテープを準備する。
2. 300 cm間隔に2本のラインテープを貼り，中央の150 cmの位置に2本のポールを立てる。
3. ポールの床から170 cmの高さにひもを取りつける。
4. ひもがたるんだり，ポールが倒れないようにポールを固定する。

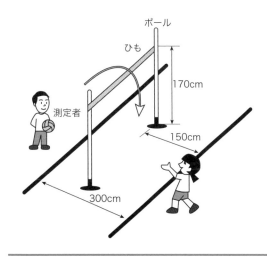

図3-21　捕球の準備と測定
（文献8より引用）

■測定方法
1. 一方のラインの外側に子どもを立たせ，測定者はボールを持って反対側のラインに立つ．
2. 測定者は毎回「投げるよ」「行くよ」と合図を出してから，下手投げで，設置したひもの上を越して，子どもの胸にボールを投げる．
3. 子どもは，ひもの上を越したボールをキャッチする．

表 3-27　捕球の年齢別平均値：幼児期
（2008 年度の全国調査による測定結果）

年齢 （歳）	男児 平均値（回）	男児 標準偏差	女児 平均値（回）	女児 標準偏差
4.0	3.1	2.6	2.8	2.5
4.5	4.2	2.8	3.9	2.8
5.0	5.5	3.0	4.8	2.9
5.5	6.7	2.8	6.1	2.8
6.0	7.7	2.5	7.2	2.5
6.5	8.0	2.4	7.6	2.5

（文献 14 より引用）

■記録
10 球のうち何回キャッチできたかを記録する．

■ポイント
- 子どもは，ラインの前に出てキャッチしてもよい．
- 測定者がボールを投げるまで，子どもには手を下げさせておく．

3-8　バランス

3-8-1　片脚立ちがふらつかず 5 秒以上できるか（運動器検診）（図 3-22）

■目的
バランス機能を簡便に確認する．

■準備
1. 裸足で行うとよい．
2. 膝関節周囲が見えるように，長ズボンを履いている場合はまくるようにする．

■測定方法
1. 子どもは足は肩幅に開き，リラックスして立つ．
2. 子どもは両手を腰に当て，片脚を床から 5 cm 程上げ，5 秒間片脚立ちを行う．
3. 一方の足を床から離した瞬間か

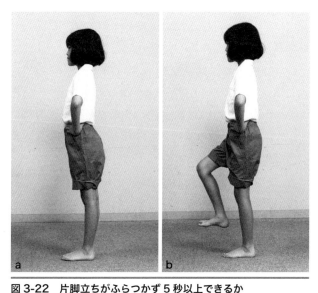

図 3-22　片脚立ちがふらつかず 5 秒以上できるか
a：足を肩幅に開き，リラックスして立ち，両手を腰に当てる．b：片足を床から 5 cm ほど上げる．

ら測定を開始し，支持足の位置がずれた時や支持足以外の身体の一部が床に触れた時は不可とする。

4. 1回目で行えなかった場合，行えなかったほうの脚のみ2回目を実施する。

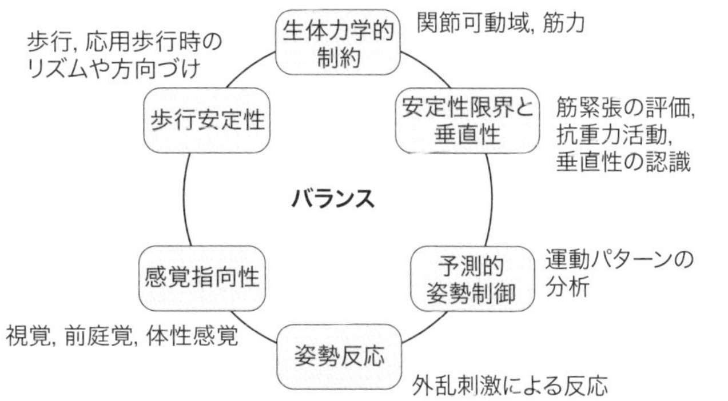

図3-23　バランス機能に関連する要因

■記録

1. 5秒間立位を保持できたか，できなかったかを記載する。

2. バランスのとり方の特徴を「膝を軽く曲げて，腕は体側からほとんど動かなかった」，「両腕を肩の高さまで上げ，大きくバランスをとっていた」などと記載しておくと，子どもの変化を追いやすい。

■ポイント

● バランス機能には，図3-23のように多くの要素が関与する[17]。よく転ぶ子どもの場合，どの要素が原因となっているかを評価しアプローチを行うことが，転ばない身体づくりを行うための近道である。

3-9　持久力

3-9-1　シャトルラン（新体力テスト）（図3-24，表3-28[12]）
■目的

呼吸機能や全身の持久力を確認する。

■準備

1. テスト用の音源（CDやテープなど），再生用プレーヤー，ポール4本を準備する。

2. 20 m間隔で2本の平行線を引き，ポール4本を平行線の両端に立てる。

3. 子どもの健康状態に注意し，医師の治療を受けている者や実施が困難と認められる者にはこのテストを実施しない。

■測定方法

1. プレーヤーで音源を再生する。

2. 一方の線上に立ち，テストの開始を告げる5秒間のカウントダウンの後の電子音により開始する。

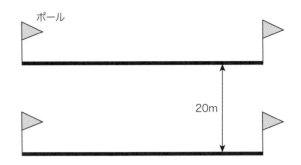

図 3-24 シャトルランの準備
20 m間隔で2本の平行線を引き，ポール4本を平行線の両端に立てる。

3. 一定の間隔で1音ずつ電子音が鳴る。電子音が次に鳴るまでに20 m先の線に達し，足が線を越えるか触れたらその場で向きを変える。この動作を繰り返す。電子音の前に線に達してしまった場合は向きを変え，電子音を待ち，電子音が鳴った後に走り始める。
4. 音源によって設定された速度を維持できなくなり走るのをやめた時，または2回続けてどちらかの足で線に触れることができなくなった時にテストを終了する。
5. 電子音からの遅れが1回で，次の電子音に間に合えば，テストを継続する。

表 3-28 20 mシャトルランの年齢別平均値：6～19歳（2016年度体力・運動能力調査による測定結果）

年齢(歳)	男子 平均値(折り返し数)	標準偏差	女子 平均値(折り返し数)	標準偏差
6	19.2	9.7	16.4	6.7
7	28.7	14.3	22.7	10.1
8	38.5	17.6	29.2	13.0
9	48.0	19.9	38.5	15.7
10	57.5	21.0	45.6	17.4
11	65.5	21.8	50.5	18.9
12	74.9	23.4	55.1	19.1
13	90.9	24.5	62.0	21.2
14	98.8	22.4	62.6	21.7
15	85.9	26.7	50.8	20.8
16	91.7	28.3	52.7	22.6
17	94.6	28.1	53.1	22.9
18	81.6	27.4	47.0	19.8
19	79.3	24.3	47.5	17.5

（文献12より引用）

■記録
1. 電子音についていけなくなった直前の折り返しの総回数を記録する。
2. 2回続けてどちらかの足で線に触れることができなかった時は，最後に触れることができた折り返しの総回数を記録とする。

■ポイント
- 走速度は約1分ごとに増加するため，できる限り電子音の間隔についていくようにする。
- 「20 mシャトルラン（往復持久走）最大酸素摂取量推定表」（**表 3-29**）[9]にて，往復回数から最大酸素摂取量を推定することができる。
- ランニングスピードのコントロールに注意し，電子音が鳴る時には，必ずどちらかの線上にいるようにする。
- 走り続けることができなくなった場合は無理をせず，自発的に退くよう指導しておく。

第3章　運動機能のチェックポイント

表 3-29　20 m シャトルラン（往復持久走）最大酸素摂取量推定表

折り返し数	推定最大酸素摂取量 （mL／kg／分）	折り返し数	推定最大酸素摂取量 （mL／kg／分）	折り返し数	推定最大酸素摂取量 （mL／kg／分）	折り返し数	推定最大酸素摂取量 （mL／kg／分）
		41	35.2	81	44.2	121	53.2
		42	35.5	82	44.5	122	53.5
		43	35.7	83	44.7	123	53.7
		44	35.9	84	44.9	124	53.9
		45	36.1	85	45.1	125	54.1
		46	36.4	86	45.4	126	54.4
		47	36.6	87	45.6	127	54.6
8	27.8	48	36.8	88	45.8	128	54.8
9	28.0	49	37.0	89	46.0	129	55.0
10	28.3	50	37.3	90	46.3	130	55.3
11	28.5	51	37.5	91	46.5	131	55.5
12	28.7	52	37.7	92	46.7	132	55.7
13	28.9	53	37.9	93	46.9	133	55.9
14	29.2	54	38.2	94	47.2	134	56.2
15	29.4	55	38.4	95	47.4	135	56.4
16	29.6	56	38.6	96	47.6	136	56.6
17	29.8	57	38.8	97	47.8	137	56.8
18	30.1	58	39.1	98	48.1	138	57.1
19	30.3	59	39.3	99	48.3	139	57.3
20	30.5	60	39.5	100	48.5	140	57.5
21	30.7	61	39.7	101	48.7	141	57.7
22	31.0	62	40.0	102	49.0	142	58.0
23	31.2	63	40.2	103	49.2	143	58.2
24	31.4	64	40.4	104	49.4	144	58.4
25	31.6	65	40.6	105	49.6	145	58.6
26	31.9	66	40.9	106	49.9	146	58.9
27	32.1	67	41.1	107	50.1	147	59.1
28	32.3	68	41.3	108	50.3	148	59.3
29	32.5	69	41.5	109	50.5	149	59.5
30	32.8	70	41.8	110	50.8	150	59.8
31	33.0	71	42.0	111	51.0	151	60.0
32	33.2	72	42.2	112	51.2	152	60.2
33	33.4	73	42.4	113	51.4	153	60.4
34	33.7	74	42.7	114	51.7	154	60.7
35	33.9	75	42.9	115	51.9	155	60.9
36	34.1	76	43.1	116	52.1	156	61.1
37	34.3	77	43.3	117	52.3	157	61.3
38	34.6	78	43.6	118	52.6		
39	34.8	79	43.8	119	52.8		
40	35.0	80	44.0	120	53.0		

（文献 9 より引用）

子どもの発達から考える運動指導法ー体力と運動能力を伸ばすプログラムー

表 3-30　3 METs 以上と 3 METs 未満の生活活動・運動の例

METs	3 METs 以上の生活活動の例
3.0	普通歩行（平地，67 m/分，犬を連れて），電動アシスト付き自転車に乗る，家財道具の片付け，子どもの世話（立位），台所の手伝い，大工仕事，梱包，ギター演奏（立位）
3.3	カーペット掃き，フロア掃き，掃除機，電気関係の仕事：配線工事，身体の動きを伴うスポーツ観戦
3.5	歩行（平地，75〜85 m/分，ほどほどの速さ，散歩など），楽に自転車に乗る（8.9 km/時），階段を下りる，軽い荷物運び，車の荷物の積み下ろし，荷づくり，モップがけ，床磨き，風呂掃除，庭の草むしり，子どもと遊ぶ（歩く/走る，中強度），車椅子を押す，釣り（全般），スクーター（原付）・オートバイの運転
4.0	自転車に乗る（≒16 km/時未満，通勤），階段を上る（ゆっくり），動物と遊ぶ（歩く/走る，中強度），高齢者や障がい者の介護（身支度，風呂，ベッドの乗り降り），屋根の雪下ろし
4.3	やや速歩（平地，やや速めに＝93 m/分），苗木の植栽，農作業（家畜に餌を与える）
4.5	耕作，家の修繕
5.0	かなり速歩（平地，速く＝107 m/分），動物と遊ぶ（歩く/走る，活発に）
5.5	シャベルで土や泥をすくう
5.8	子どもと遊ぶ（歩く/走る，活発に），家具・家財道具の移動・運搬
6.0	スコップで雪かきをする
7.8	農作業（干し草をまとめる，納屋の掃除）
8.0	運搬（重い荷物）
8.3	荷物を上の階へ運ぶ
8.8	階段を上る（速く）
METs	**3 METs 未満の生活活動の例**
1.8	立位（会話，電話，読書），皿洗い
2.0	ゆっくりした歩行（平地，非常に遅い＝53 m/分未満，散歩または家の中），料理や食材の準備（立位，座位），洗濯，子どもを抱えながら立つ，洗車・ワックスがけ
2.2	子どもと遊ぶ（座位，軽度）
2.3	ガーデニング（コンテナを使用する），動物の世話，ピアノの演奏
2.5	植物への水やり，子どもの世話，仕立て作業
2.8	ゆっくりした歩行（平地，遅い＝53 m/分），子ども・動物と遊ぶ（立位，軽度）

3-10　活動性

　3〜5 歳の幼児の身体活動では「様々な遊びを中心に，毎日合計 60 分以上楽しく体を動かすことが大切」と，幼児期運動指針[8] に掲げられている。また日本体育協会では，6〜17 歳を対象に，「アクティブ・チャイルド 60 min」として，毎日最低 60 分以上体を動かすことを提唱している。楽しく体を動かすこと（3 METs 以上の身体活動，中高強度身体活動）（**表 3-30**）[18] をどの程度行っているかを評価するために質問紙や歩数計，活動量計などが用いられている。しかし，子ども用で妥当性の検証された質問紙調査法はなく，活動量計の大規模なデータはない。歩数は子どもにとっても簡便かつ客観的な中高強度身体活動の指標といわれており[17]，国際的にも目標値が提案されている[19]。

第3章　運動機能のチェックポイント

表 3-30　3 METs 以上と 3 METs 未満の生活活動・運動の例（続き）

METs	3 METs 以上の運動の例
3.0	ボウリング，バレーボール，社交ダンス（ワルツ，サンバ，タンゴ），ピラティス，太極拳
3.5	自転車エルゴメーター（30〜50 W），自体重を使った軽い筋力トレーニング（軽・中等度），体操（家で，軽・中等度），ゴルフ（手引きカートを使って），カヌー
3.8	全身を使ったテレビゲーム（スポーツ・ダンス）
4.0	卓球，パワーヨガ，ラジオ体操第1
4.3	やや速歩（平地，やや速めに =93 m/分），ゴルフ（クラブを担いで運ぶ）
4.5	テニス（ダブルス）*，水中歩行（中等度），ラジオ体操第2
4.8	水泳（ゆっくりとした背泳）
5.0	かなり速歩（平地，速く =107 m/分），野球，ソフトボール，サーフィン，バレエ（モダン，ジャズ）
5.3	水泳（ゆっくりとした平泳ぎ），スキー，アクアビクス
5.5	バドミントン
6.0	ゆっくりとしたジョギング，ウエイトトレーニング（高強度，パワーリフティング，ボディビル），バスケットボール，水泳（のんびり泳ぐ）
6.5	山を登る（0〜4.1 kg の荷物を持って）
6.8	自転車エルゴメーター（90〜100 W）
7.0	ジョギング，サッカー，スキー，スケート，ハンドボール*
7.3	エアロビクス，テニス（シングルス）*，山を登る（約 4.5〜9.0 kg の荷物を持って）
8.0	サイクリング（約 20 km/時）
8.3	ランニング（134 m/分），水泳（クロール，ふつうの速さ，46 m/分未満），ラグビー*
9.0	ランニング（139 m/分）
9.8	ランニング（161 m/分）
10.0	水泳（クロール，速い，69 m/分）
10.3	武道・武術（柔道，柔術，空手，キックボクシング，テコンドー）
11.0	ランニング（188 m/分），自転車エルゴメーター（161〜200 W）
METs	3 METs 未満の運動の例
2.3	ストレッチング，全身を使ったテレビゲーム（バランス運動，ヨガ）
2.5	ヨガ，ビリヤード
2.8	座って行うラジオ体操

*試合の場合。
（文献 18 より引用）

3-10-1　歩　数

■目的

個人差や日差変動を把握する。

■準備

歩数の計測が可能な歩数計や活動量計（**図 3-25**）を準備する。

■測定方法

1. 朝起きてから寝るまでの間，各歩数計の説明書に沿って装着する。

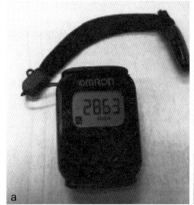
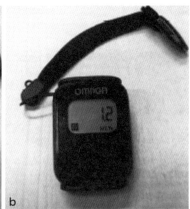

図 3-25 歩数や METs を測定可能な活動量計
a：歩数の表示。b：METs の表示。単位時間あたりの運動強度で，安静座位を 1 METs としている。

2. 基本的には入浴やプールなど水に浸かる活動以外は装着する。ただし，落下したりぶつけたり動作のじゃまになる可能性のある運動時（鉄棒など）は外す。
3. 日常的な活動習慣を把握するため，理想的には 1 週間装着する。

■記録
歩数が歩数計に保存されるタイプでない場合は，寝る前に記録をつける。

■ポイント
- 幼児の場合，10,000〜14,000 歩が目標値となっているが，歩数計の種類や装着時間などによって得られる値が異なるため，評価基準にこだわり過ぎる必要はない[19]。
- 日本の幼児の歩数は男子が女子と比べて多く，平日が休日と比べて多いという報告が多い[20]。

3-11 視空間認知能力

視空間認知とは，目から入った情報のうち，ものの位置や向きを認識する能力である。視空間認知能力は，①対象と背景を区別する働き，②形や色を把握する働き，③形・方向に左右されず，同じ形を把握する働き，④物と物（あるいは自分と物）の位置を把握する働き，などの種類がある。視空間認知能力は，視力の良い悪いとは異なり，地図を読む時，塗り絵をする時，人の顔を覚える時，球技や着替えの際に使われる。近年ではビジョントレーニングとして紹介されている[21]。

3-11-1 見る力の検査

子どもの視覚認知を評価するために，さまざまなテストが開発されている。視覚の専門家が行う視覚機能の検査や，小児神経科や心理士によって行われる心理検査は，それぞれ専門家がみて解釈を行う必要がある。まず初めに簡単なチェックテストにて，おおまかな状態を把握することが大切である（**表 3-31**）[21]。

第 3 章 運動機能のチェックポイント

表 3-31 視覚機能チェックテスト

	チェック	NO.	項　目
見る		1	近くを見る時，顔をそむけるようにして横目で見たり，片方の眼を手で覆ったりして，片眼で見ようとする。
		2	本やノートを見る時，眼との距離が近すぎる。
		3	しきりにまばたきをしたり，眼をこすったりする。
		4	遠くを見る時，眼を細める。
		5	黒板に書かれた文章をノートに写すのに，異常に時間がかかる。
		6	読んだり，書いたり，工作したりといった作業に集中できない。
		7	図形の問題が苦手。
		8	両眼が外側に寄っていたり，内側に寄っていたりして，それぞれの眼が別の方向を見ていることがある。
		9	物が二重に見えることがある。
		10	すぐに眼が疲れる。
		11	よく物をなくす。また，探しものをうまく見つけられない。
		12	定規で長さを測る時，目盛りを見るのが苦手。
読む		13	文字の読み間違いが多い。
		14	教科書や本を音読する時，行を飛ばしたり，読んでいる場所がわからなくなったりする。同じところを何度も読むことがある。
		15	教科書や本を読むのに，異常に時間がかかる。
		16	文章を読む時，頭や体を上下，左右に大きく動かす。
		17	算数の問題で計算はできるのに，文章題になると問題が理解できず，答えられないことがある。
書く		18	漢字やひらがなの書き間違いが多い。
		19	覚えた漢字やひらがなを思い出すのに時間がかかる。または思い出せない。
		20	よく鏡文字を書く。
		21	うまく描けない図形がある。または，お絵かきで描いたものが，周りの人に伝わらない。
見た物に合わせて動く		22	文字を書く時にマスや行からはみ出す。また，読めないくらい形の乱れた文字を書く。
		23	筆算で桁をそろえて書くのが苦手で，書いているうちに位がずれてしまう。
		24	はさみで切る，ボタンをはめる，ひもを結ぶといった，手を使った作業が苦手で，不器用。
		25	ボールを投げたり，キャッチしたりするのが下手で，球技が苦手。
		26	ラジオ体操やダンスを見て覚えたり，まねしたりするのが苦手。
		27	鍵盤ハーモニカやリコーダーなどを演奏する時，鍵盤や穴の位置をよく間違えてしまう。
		28	右と左をなかなか覚えられず，よく間違える。
		29	方向音痴で，よく道を間違ったり，迷ったりする。
		30	家具や歩いている人などによく体をぶつけたり，つまずいたりする。

（文献 21 より引用）

■参考文献

1) 文部科学省：学校保健統計調査—結果の概要．http://www.mext.go.jp/b_menu/toukei/chousa05/hoken/kekka/1268813.htm（閲覧日：2017年3月28日）

2) 日本肥満学会：肥満症診療ガイドライン2016, ライフサイエンス出版, 東京, 2016.

3) 出村慎一 監：幼児のからだを測る・知る. 杏林書院, 東京, p.31, 2011.

4) 生魚 薫, 橋本令子, 村田光範：学校保健における新しい体格判定基準の検討—新基準と旧基準の比較, および新基準による肥満傾向児並びに痩身傾向児の出現頻度にみられる1980年度から2006年度にかけての年次推移について. 小児保健研究, 69：6-13, 2010.

5) 文部科学省スポーツ・青少年局学校健康教育課 監：児童生徒等の健康診断マニュアル（平成27年度改訂版）. 公益財団法人日本学校保健会, 東京, pp.20-25, 2016. http://www.gakkohoken.jp/book/ebook/ebook_H270030/index_h5.html#22（閲覧日：2017年3月28日）

6) 公益財団法人 運動器の10年・日本協会：運動器検診. http://www.bjd-jp.org/medicalexamination/guide_faq.html（閲覧日：2017年3月28日）

7) 藤原郁郎 他：愛媛県における学校運動器検診モデル事業の取り組みと課題. 日本臨床整形外科学会雑誌, 35(2)：176-179, 2010.

8) 文部科学省：幼児期運動指針ガイドブック. http://www.mext.go.jp/a_menu/sports/undousisin/1319772.htm（閲覧日：2017年3月28日）

9) 文部科学省：新体力テスト実施要項. http://www.mext.go.jp/a_menu/sports/stamina/03040901.htm（閲覧日：2017年3月28日）

10) 古後晴基, 村田 伸, 村田 潤 他：一側優位性が身体柔軟性に及ぼす影響：中指−中指間距離を身体柔軟性の指標として. ヘルスプロモーション理学療法研究, 4：19-24, 2014.

11) Calin A: Raised serum creatine phosphokinase activity in ankylosing apondylitis. Ann Rheum Dis, 34：244-248, 1975.

12) 文部科学省：平成25年度体力・運動能力調査結果について. http://www.mext.go.jp/b_menu/houdou/26/10/1352498.htm（閲覧日：2017年3月28日）

13) 小林寛道 他：幼児の発達運動学. ミネルヴァ書房, 東京, pp. 52-64, 1990.

14) 森 司朗 他：2008年の全国調査からみた幼児の運動能力. 体育の科学, 60：56-66, 2010.

15) 藤原勝夫：子どものからだと調整力. 子どもと発育発達, 13(2)：99-103, 2015.

16) 春日晃章：幼児期における体力差の縦断的推移：3年間の追跡データに基づいて. 発育発達研究, 41：17-27, 2009.

17) 田中茂穂：日本の子どもにおける身体活動の評価法と実態. 体育の科学, 67：154-159, 2017.

18) 厚生労働省：健康づくりのための身体活動基準2013. http://www.mhlw.go.jp/stf/houdou/2r9852000002xple-att/2r9852000002xpqt.pdf（閲覧日：2017年12月22日）

19) Tudor-Locke C et al: How many steps/day are enough? For children and adolescents. Int J Behav Nutr Phys Act, 8: 78, 2011.

20) 田中千晶：幼児における身体活動量の現状と目標値. 体育の科学, 65, 247-252, 2015.

21) 北出勝也：発達の気になる子の学習・運動が楽しくなる ビジョントレーニング. ナツメ社, 東京, pp.15-34, 2015.

（楠本　泰士）

4 運動指導法

　本章では，具体的な運動の方法と，その指導法を紹介する。54の運動項目について，実施方法，指導のポイント，注意点を，それぞれ見開き2ページで示した。

　運動項目は，目的とする運動要素により分類し，その運動要素を右ページの右上に示した。運動要素は，「バランス」「筋力」「筋持久力」「協調性」「運動イメージ」「柔軟性」「瞬発力」「俊敏性」「リズム」である。実際には，ほとんどの運動項目に複数の要素が含まれる。各運動要素の意味合いについては前章までを参考に，また対象となる子どもについてどの運動要素が弱いのか，運動指導に特にどの要素を加えるべきかについては第3章を参考にしていただきたい。

　運動項目は，対象となる子どもの体質，機能，個性を十分に理解したうえで選択し，プログラム構成を行う必要がある。例えば，同年齢の子どもに一律に同じプログラムを提供するのではなく，個々に適正なプログラムを提供することを心掛けるべきである。

　運動を開始する前に，指導者が提供するプログラムの目的を十分に理解していることも重要である。運動項目は，その子どもの興味の方向や環境要因などにより，少しずつアレンジされることがある。このこと自体は特に問題ではない。むしろ，そこからプログラムを展開して，さらに大きな効果を得ることも可能である。ただし，プログラムの目的から逸脱していないかについては，十分に注意が必要である。

実施にあたっての注意事項

- 運動時間，セット数は，子どもの様子をみて調節する。疲労がみられたり，集中力が途切れているようなら，途中でも中止する。
- 子どもに対しても，可能な限り，運動項目の内容と，何を目的としているのかをわかりやすく説明し，子どもが運動の目的を理解したうえでプログラムに取り組むように促す。年齢が低く詳細な理解が困難な子どもも，注意しなくてはいけない点などは十分把握できるように努める。
- プログラムの指導自体は楽しい雰囲気で行い，子どもがのびのびと取り組めるように環境を整える。

1. 上半身バランス

■目的
上半身のバランスを向上させる。

■方法

1. ジムボールに両脚をのせ，腕立て伏せの姿勢をとる。
   両手は肩幅に開き，両足はジムボールの上で閉じる。
   * ジムボールは，開始姿勢をとった時に床と体が平行になるサイズがよい。足のほうが頭より高くなると，腕にかかる負担が増し，姿勢を保持することが難しくなる。
   * ジムボールが不安定な場合には，大きく動かないように，指導者が前もって手を添える。
   * 顔を正面へ向けると腰が反りやすくなる。腰が反りやすい場合は，床や臍を見て行うほうがよい。
   * 肩甲骨の内側が浮かないように（背中が丸くならないように）注意する。
2. 腕で体幹を支えながら，両膝を胸のほうまで抱え上げるように曲げる。
   10回を目安に，膝の曲げ伸ばしを行う。
   * 膝を曲げる動作と伸ばす動作の時間が同じになるように，「1, 2, 1, 2」とリズムよく数を数えながら，「1」で曲げ，「2」で伸ばすように行うとよい。
   * 低年齢の子どもは姿勢を保持することが難しく，動作中に肘が曲がりやすい。肘が曲がらないように気をつける。

第4章　運動指導法

> 運動要素
>   バランス
>   筋力
>   協調性

■ポイント
- 動作1で開始姿勢を保持できない場合は、ジムボールに腰までのせて難易度を下げる。この時に、指導者が運動方向を誘導してあげるとよい。
- 動作2で体幹をひねると難易度が上がる。
- 膝を伸ばす動作を曲げる動作よりゆっくりと行うことで、難易度を上げることができる。

■注意

- 動作中は手を置く位置を変えないようにする。
- 動作開始時の姿勢は、体幹が上下に弓状に反らないように（a, b）、まっすぐ保持するようにする。開始姿勢をとった時に腰が反ってしまう子どもは、腰を痛める可能性があるので、1人で行わないほうがよい。体幹が床と平行になるように指導者が腰の周りをサポートしながら、実施する必要がある。
- 膝を曲げる動作も伸ばす動作も同じ筋が使用される。筋の収縮形態は伸ばす動作のほうが難しいとされているため、疲れてきて伸ばす動作が速くなったり、動作に反動をつけないように気をつける。

2. スタビリティワンハンドローイング

■目的

バランスをとり，体幹を固定しながら，肩甲骨周囲の筋力を強化する。

■方法

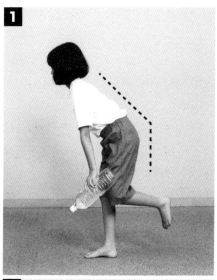

1. 水を入れたペットボトルやダンベル（重さ500 g〜1 kg）などの重りを用意する。
片手に重りを持ち，反対側の脚で片脚立ちになる。その状態で，上体を前傾させる。

2. 腕を体側に沿わせながら，肘関節を後方にできるだけ高く引き上げる。
   * この時に，前腕が地面と垂直になるようにし，肘関節は過度に動かさないようにする。

10回を目安に，重りの上げ下げを行う。
   * 肘関節を引き上げる動作を速く，開始姿勢に戻る動作をゆっくりと行うように心がける。

> **運動要素**
> バランス
> 筋力
> 協調性

■ポイント
- 初めは重りがない状態で動作を確認するとよい。
- よいフォームで行える子どもは，重りを引き上げる時に，肩甲骨を背骨に近づけるように意識させるとよい。そうすることで，肘関節周囲の筋の活動を抑えて，目的とする肩関節周囲の筋を使うことができる。

■注意

- 重りを引き上げる時に肘が曲がりすぎると，肩甲骨周囲の筋があまり働かなくなるため，肘はできるだけ動かさないようにする。
- 動作を行う時に，上半身は動かさないようにする。目的とする関節運動以外の運動が起こらないようにすることは，全身の協調的な運動コントロールにつながる。低年齢の子どもには難易度が高い。
- 重りを引き上げる時に上半身で反動をつけたり（a），体をひねったり，傾けたり（b）しないように気をつける。

3. ジムボールバランス1：立位

■目的

下半身のバランスを向上させる。

■方法1

1. 壁と胸部・腹部の間にボールをはさみ，壁に軽く押し当てて立つ。
2. 片脚を上げて，10〜20秒保持する。反対側の脚でも同様に行う。
   * バランスをうまく保てない時は，両手を自由に動かしてバランスをとる。

■方法2

1. 壁と背中の間にボールをはさみ，壁に軽く押し当てて立つ。
2. 片脚を上げて10〜20秒保持する。反対側の脚でも同様に行う。
   * バランスをうまく保てない時は，両手を自由に動かしてバランスをとる。

■方法3

1. 壁と背中の間にボールをはさみ，壁に軽く押し当てて立つ。
2. ボールを落とさないように注意しながら，スクワットを行う。
   10回を目安に行う。
3. 壁側を向いて立ち，壁と胸部・腹部の間にボールをはさみ，同様にスクワットを行う（写真なし）。

第 4 章　運動指導法

> **運動要素**
> バランス
> 協調性
> 筋力

■方法 4

1. 壁と背中の間にボールをはさみ，壁に軽く押し当てて立つ。
2. 片脚立ちになり，ボールを落とさないように注意しながらスクワットを行う。
   10回を目安に行い，反対側の脚でも行う。
3. 壁側を向いて片脚立ちになり，壁と胸部・腹部の間にボールをはさみ，同様にスクワットを行う（写真なし）。

■ポイント
- 動作の間は，顔を上げ，まっすぐ前を見るようにする。
- スクワットで膝を曲げる角度は，深いほうが筋力が鍛えられるが，難易度が高くなる。子どもの状況に合わせて調節するとよい。

■注意

- 子どもは，動作が難しくなると，顔を下へ向けやすい。片脚立ちやスクワットをする時に，上半身が前かがみになりすぎないように気をつける（写真）。胸を反り返らせるのではなく，極力直立位で姿勢を保つようにする。
- スクワットを行う時に，膝がつま先より前に出ると，膝に負担がかかるため注意する。
- 片脚立ちでのスクワットは，しゃがむ時に膝が内側に入りやすくなる。膝はつま先の方向に動くように注意する。

4. ジムボールバランス2：臥位

■目的
体幹筋の協調的な収縮機能を高めることで，全身のバランス感覚を向上させる。

■方法

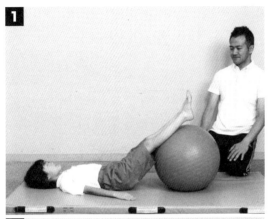

1. マットの上にジムボールを置き，その上に両脚をのせ，仰向けになる。
   背中はマットにつけ，両腕は体の横に，少し広げて伸ばす。
   * この時，床と脚の角度が45°になるサイズのジムボールが適当である。

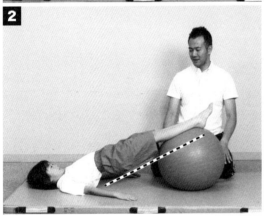

2. 腰を上げ，背中から脚までが一直線になるようにし，バランスを保つ。
   10～20秒ほど保持する。

3. この姿勢が安定したら，腰を上げた状態から，膝を伸ばしたまま片脚をボールから浮かせる。
   この姿勢を10～20秒ほど保持する。

反対側も同様に行う。
5回程度繰り返す。

第 4 章　運動指導法

> **運動要素**
> バランス
> 筋力
> 協調性

■**ポイント**
- この姿勢を安定して保持するためには，体幹筋が十分強く，しかも協調して働くことが必要である。
- 姿勢保持が不安定な場合は，片脚を上げることはせず，両脚をジムボールにのせたままバランスをとることを繰り返す。
- さらに不安定な場合は，ジムボールが動かないように，指導者が横から支えるなどする。

■**注意**

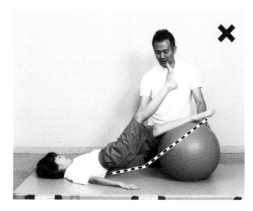

- 腰を上げる時や，片脚をジムボールから浮かせる時に，腰が沈み込み，背中，脚との一直線の姿勢が崩れないよう気をつける。一直線の姿勢をとることが困難な場合は，指導者が手を添えて姿勢をつくり，これを保持するよう指導する。
- 背中が反りすぎないように注意する。

5. ジムボールバランス3：座位

■目的
体幹筋の協調的な収縮機能を高めることで，全身のバランス感覚を向上させる。

■方法

1. ジムボールの上に座る。
   背中を伸ばし，顎を引いて，前を向く。
   * この時，股関節，膝関節の屈曲角度が約90°になる大きさのジムボールが適当である。

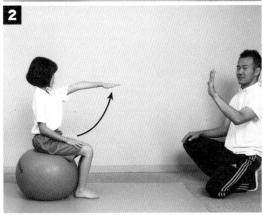

2. 座位姿勢が安定したら，片腕を肩の高さで前方へ伸ばす。
   * この時，肘をしっかり伸ばす。
   この姿勢を10秒程度保持してから，腕を元の位置に戻す。
   左右5回ずつ行う。

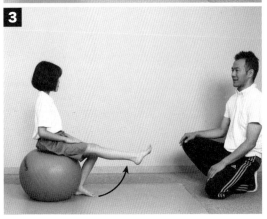

3. 座位姿勢から，片脚を前方へ伸ばす。
   * この時，膝をしっかり伸ばす。
   この姿勢を10秒程度保持してから，脚を元の位置に戻す。
   左右5回ずつ行う。

第4章　運動指導法

> 運動要素
> 　バランス
> 　筋力
> 　協調性

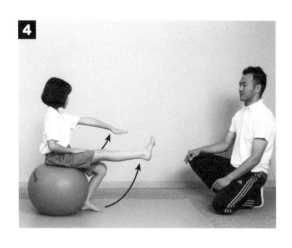

4. 座位姿勢から，片腕を前方へ伸ばし，続けて反対側の脚を前方へ伸ばす。
    * この時，前方へ伸ばした腕の肘と，脚の膝をしっかり伸ばす。
   この姿勢を10秒程度保持する。
   腕と脚を元に戻し，反対側の腕と脚を前方へ伸ばす。
   左右5回ずつ行う。

■ポイント
- 体幹筋を強化する代表的な運動であり，ジムボールバランス1，2（No.3，4）の上級の運動となる。体幹筋，特に姿勢保持に大きな役割を果たす深部筋は，不安定な姿勢を安定化する時に活性化する。体感的に強い運動ではないが，こうした運動を繰り返すことで，深部筋が強化される。
- 安定した姿勢保持には，表在筋と深部筋の協調した活動が必要とされるため，この運動で協調性が向上する。
- 結果として，静的姿勢保持中や運動中のバランスが向上する。

■注意
- 不安定な場合は，座位姿勢の保持だけを行うことから始め，腕だけ，脚だけ，腕と脚というように，段階的に難易度を上げていく。
- さらに不安定な場合は，指導者が横からジムボールを動かないよう抑えながら，姿勢の指導を行う。
- 背中が丸くならないよう注意する。

6. ジムボールバランス4：半臥位

■目的
体幹筋の協調的な収縮機能を高めることで，全身のバランス感覚を向上させる。

■方法

1. ジムボールの上に座る。
   背中を伸ばし，顎を引いて，前を向く。
   * この時，股関節，膝関節の屈曲角度が約90°になる大きさのジムボールが適当である。

2. 腰を前方へずらし，背中にボールが当たるようにする。
   この姿勢を安定させる。
   * 背中，腰，膝が一直線になるようにする。
   * 両手を腹部にのせ，腹筋が働くことを意識するとよい。

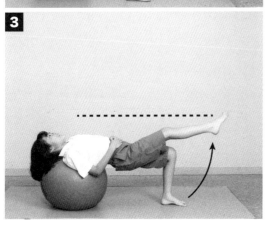

3. 姿勢が安定したら，片側の脚を床から持ち上げ，膝を伸ばす。
   できるだけ，上げた脚が床に対して平行であり，脊柱（背骨）と一直線になるようにする。
   10〜20秒程度保持できたら，脚を元の位置に戻し，反対側の脚を上げる。

5回程度繰り返す。

第 4 章　運動指導法

> **運動要素**
> 　バランス
> 　筋力
> 　協調性

■ポイント

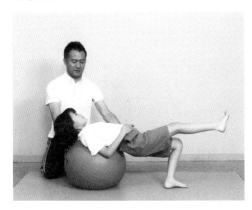

- ジムボールバランス 1, 2（No.3, 4）の上級の運動となる。バランスをとることが非常に困難なので，姿勢が十分安定してから，脚を上げる運動へと進む。
- この運動では，より高度な協調性とバランス感覚が必要である。
- 初めは，指導者がジムボールを動かないように抑えながら，姿勢の指導をするとよい（写真）。
- さらに難易度を上げる場合は，両手を天井に向かって上げ，両腕をまっすぐに保ったまま，片脚を上げる。

■注意

- 非常に不安定な運動なので，指導者はバランスが崩れた時に支えられるよう，常に注意する(写真)。
- 片脚を上げると，さらに不安定になる。脚を上げた時に，腰が落ちて，背中，脚との一直線が崩れてしまわないよう注意する。

7. バランスディスクバランス1：静的バランス

■**目的**

全身のバランスを向上させる。

■**方法1**

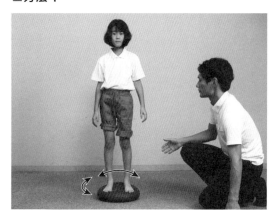

1. 1つのバランスディスクに両脚で立ち，10～20秒保持する。
2. 立つことが安定したら，意図的に重心移動し，バランス練習を行う。両足のつま先と踵に交互に体重をかけ，前後の重心移動を行う。
3. 左右交互に膝を曲げ，左右の重心移動を行う。
それぞれ10回を目安に行う。

■**方法2**

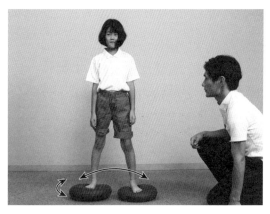

1. 2つのバランスディスクに片脚ずつ立ち，10～20秒保持する。
2. 立つことが安定したら，意図的に重心移動し，バランス練習を行う。両足のつま先と踵に交互に体重をかけ，前後の重心移動を行う。
3. 左右交互に大きく膝を曲げ，左右の重心移動を行う。
それぞれ10回を目安に行う。

■**方法3**

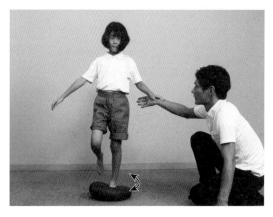

1. 1つのバランスディスクに片脚で立ち，10～20秒保持する。
2. 立つことが安定したら，つま先と踵に交互に体重をかけ，前後の重心移動を行う。
10回を目安に行う。

第4章　運動指導法

> **運動要素**
> バランス
> 協調性
> 筋力

■ポイント

- バランスディスクの上で立位を保つ時には，前後左右の中央を踏むように気をつける（**a, b**）。つま先荷重になると，下腿の後ろにある腓腹筋やヒラメ筋を多く使うことになる。踵荷重になると，下腿の前にある前脛骨筋を多く使うようになる。足首を大きく動かしてバランスをとると，強い筋収縮が求められる。できるだけ足底面が床と平行になるようにして，弱い筋収縮でバランスをとる。
- 1つのバランスディスクに片脚で立つ時は，中央に足をのせることを基本とする。中央より外側に立つと外反筋（足首を外側に向ける筋）が，内側に立つと内反筋（足首を内側に向ける筋）がより強化される（**c**）。
- 手を上に上げると重心位置が上方に移動するため，難易度が増す（**d**）。
- バランスディスクにのれない場合や，片脚で立つとすぐに落ちてしまう場合などは，指導者が手で支え，少しずつ行うとよい。
- バランスのとり方は，前かがみのつま先荷重が行いやすかったり，踵荷重で殿部を後ろに突き出すほうが行いやすかったりと，子どもによって様々である。子どもの特徴を把握しておくことが大切である。
- バランスディスクがない場合は，代わりに柔らかいクッションを使用してもよい。

113

8. バランスディスクバランス2：動的バランス

■**目的**

全身のバランスと協調性を向上させる。

■**方法1**

1. バランスディスクの上で立つことが安定したら、バランスを保ったまま体を大きくひねり、バランスディスクを回転させる。
2. 右回りと左回り、両方の回り方を行う。

■**方法2**

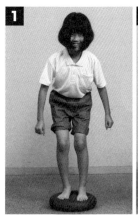

1. バランスを保ったまま、膝の屈伸を行う。
2. 可能であれば、下までしゃがみ込む。
   10回を目安に行う。
   * 下までしゃがみ込めない場合は、転ばない範囲で膝を曲げられるところまで行う。
   * 後ろに転びやすいので、頭をぶつける物がないように、周辺の環境に気をつける。
   * 膝を屈伸する時に、左右の膝がつかないようにする。

第 4 章　運動指導法

運動要素
　バランス
　協調性
　筋力

■ポイント

● バランスディスクバランス1（No.7：静的バランス）と比べて，股関節や膝関節の周りの筋にはダイナミックな筋活動が求められ，足関節周りの筋には弱い筋活動が求められる，難易度の高い運動である。

● できるだけ前後左右均等に体重をかけて立つようにする。膝の屈伸を行う時も，足底面ができるだけ床と平行になるようにして，弱い筋収縮でバランスをとる。

● 膝の曲げ伸ばしを行う時に，姿勢を安定させるために両膝をつけて行うことがある。関節ごとに分離した運動を行うためには，両膝を離したほうが，難易度が上がる。

● うまく行えない場合は，指導者が子どもの手を握ることで支えながら，方法1の体をひねる感覚や方法2の重心を低くする運動感覚を養う。

● うまく行える場合は，両手で抱えられる大きさのボールや箱などを持たせて，同様の運動を行い，難易度を上げる。

■注意

● バランスディスクから転落して頭を打たないように，周辺の環境にも気をつける。

● 指導者は，特に後方への転倒に気をつける。

9. バランスディスクバランス3：体幹の安定性

■目的

股関節と体幹の連携を高める。

■方法

1. バランスディスクの中央に，脚を伸ばして座る（長座位）。
膝を伸ばしたまま，両足を床から浮かせる。
10〜20秒姿勢を保持する。

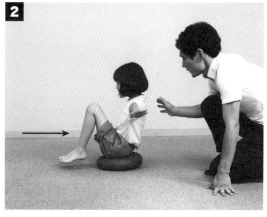

2. バランスディスクに座ったまま，両脚を同時に屈伸する。
10回を目安に行う。
   * 脚を曲げる動作と伸ばす動作の時間が同じになるほうがよい。「1」で脚を曲げ，「2」で伸ばすように，「1, 2, 1, 2」とリズムよく数えながら行うとよい。
   * 動作が困難な子どもは，動作の切り換えの時に反動を利用することがある。両脚の屈伸の切り換えの時に，姿勢が崩れないように気をつける。

第 4 章 運動指導法

```
運動要素
  バランス
  筋力
  協調性
```

■ポイント
- 股関節や腹部の筋を持続的に使い姿勢を安定させながら,自らバランスを崩すような股関節の動きをコントロールする必要がある。姿勢を安定させる筋とバランスを崩す筋が同じであるため,難しい運動である。
- 開始姿勢を保持できない場合は,少し後方に座ると行いやすくなる。手を床について行うことから始め,少しずつ手を上げて行えるようにしていく。
- 両脚を同時に曲げ伸ばしすることができたら,左右交互に曲げ伸ばしするように難易度を上げていく。
- 両腕を広げて行うより,両手を腹部に置いたり,頭の後ろで組んだりして行うほうが,難易度が上がる。

■注意

- 上半身全体を後ろに傾けることはよいが(写真),背中を丸めてバランスをとらないように注意する。
- 指導者は後方への転倒に気をつける。

117

10. フラフープ

■目的
道具を使った全身運動により、バランスと協調性を向上させる。

■方法1

1. 床に置いたフラフープの上を歩く。
2. 前歩きができたら、後ろ歩きも行う。
   * 足裏が地面につかないように、しっかりとフラフープにのるようにする。

■方法2

1. 床に置いたフラフープの上で横歩きをする。
2. フラフープの内側を向いて歩いたら、外側を向いて歩く。
   * 足裏が地面につかないように、しっかりとフラフープにのるようにする。

■方法3

1. 左右の足を開いて、フラフープにのる。
2. 両足でフラフープにのった状態で、腰をひねった反動を使い、フラフープごと移動する。
   前や後ろに進んだり、回転しながら移動したりする。

第 4 章　運動指導法

> **運動要素**
> バランス
> 協調性
> 運動イメージ

■**方法 4**

1. フラフープの中に立つ。
2. フラフープを蹴りながら移動する。
   * 強く蹴って、フラフープの後方の部分が自分の足に当たらないように、力の加減に気をつける。

■**方法 5**

1. フラフープを立ててその上に立ち、手と足でフラフープをつかむ。
2. そのままジャンプする。
   * ジャンプする時に足裏がフラフープから離れないように、気をつけて行う。

■**ポイント**
- フラフープは、腰で回すだけでなく、いろいろな動作を経験できる用具である。ここで紹介した以外にも、投げたり、回したり、くぐったりと、様々な使い方がある。
- 環境に合わせて体を使うことが重要であるため、フラフープの硬さや大きさに合わせて動くようにする。
- どの運動も、バランスをとりながら最小限の力で行えるようにしていく。

11. 前とびのり

■目的
環境に合わせてバランス感覚を向上させる。

■方法

1. 10～15 cm 程度のブロックや台の前に立つ。
   * 使用する台が不安定でないように気をつける。

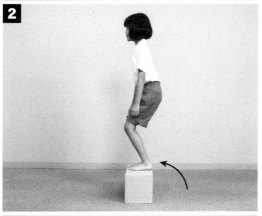

2. 両足で同時にジャンプし，台の上にのる。

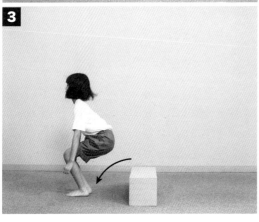

3. 反対側にとび下りる。
   * とび下りる時に，両膝を胸まで抱えてダイナミックにとび下りると，筋力や協調性の向上につながる。

4. うまく行える子どもは，逆の動作として，両足同時に後ろ向きにジャンプし，台の上にのってから，後ろ向きにとび下りてもよい。

第4章　運動指導法

> **運動要素**
> バランス
> 筋力
> 協調性

■ポイント

- 着地点にフラフープを設置して，足を左右，前後に開かせたり（写真），目印としてテープを地面に貼り，それを越えて着地させるなど，着地点に目標物を置くと，協調的な動作を引き出しやすい。
- とび下りる時に空中で「グー」「パー」「チョキ」のように掛け声をかけて，決まった足の動きをさせると，難易度が上がる。
- 慣れてきたら，足と同様に両手でもじゃんけんの手を出させる。
- 空中での足じゃんけんでは，指示された掛け声に勝つように足を出したり（「グー」の掛け声だったら「パー」を出す），負けるように足を出すことで（「グー」の掛け声だったら「チョキ」を出す），より複雑な二重課題となる。

■注意

- 台の上にのった時に，転倒しないように気をつける。

12. ストレートバランスタッチ

■目的
全身のバランスを向上させる。

■方法

1. バランスを保ちながら，片側の肘と膝を体の横でつける。
   * この時に，体幹が側屈しないようにまっすぐ保つ。

2. つけた肘と膝を離して，腕は上に脚は外へゆっくり大きく伸ばして開く。
   その姿勢を 10 秒保持する。

5 回行い，左右を変えて繰り返す。

第 4 章　運動指導法

> 運動要素
> 　バランス
> 　柔軟性

■ポイント
- 体をひねらないように，体の横で，ゆっくりとした動作で行う。
- 支持する側の体幹が過剰に側屈している場合，体の柔軟性が不足しているか，ヤジロベーのようなバランスのとり方をしており，バランス能力が低い。
- この運動ができなければ，まずは片脚で背中を伸ばして立つことを目標にして，練習を行う。その後に，動かす範囲を小さくして，腕と脚をこの運動と同様に動かすように，少しずつ難易度を上げていく。
- 股関節の柔軟性も重要となる。

■注意

- 腕や脚が前にきて，体をひねるような動作が入らないように注意する（写真）。腕と脚は，体の前ではなく横に出す。
- ゆっくり大きな動作を心掛ける。

123

13. バードドッグ

■目的

体幹深部筋を強化することで,安定性を向上させる。

■方法

1. マットの上で四つ這いになる。
   顔は前へ向ける。
   背骨はまっすぐ,床と平行になるように保つ。
   10秒保持する。

2. 片方の腕を前方へ伸ばす。
   この時,伸ばした腕は肩の高さで床と平行に保つ。
   伸ばした腕以外は,最初の四つ這いの姿勢を保つ。
   10秒保持したら,反対側で繰り返す。

3. いったん腕を下ろし,1の姿勢に戻ってから,片方の脚を後方へ伸ばす。
   伸ばした脚は骨盤の高さで床と平行に保つ。
   10秒保持したら,反対側で繰り返す。

4. 1の姿勢に戻り,片側の腕と,反対側の脚を同時に伸ばす。
   腕と脚は床に対して平行に保つ。
   10秒保持したら,反対側で繰り返す。

1～4を5回程度繰り返す。

第4章　運動指導法

> **運動要素**
> 　バランス
> 　筋力
> 　協調性
> 　運動イメージ

■ポイント

- 体幹の安定性を高めるための代表的な運動である。初めは不安定でも，繰り返すうちに安定性が向上する。
- この運動は，サイドブリッジ（No.48）同様，立位や運動中の姿勢安定性を向上させる。
- 四つ這い姿勢の保持が重要なので，姿勢が不安定な場合は，初めに指導者が姿勢をつくり，これを保持するよう指導する。
- 運動イメージが未熟な場合，指導者が口頭で指示したり，手本を見せても，正しく動作模倣できない場合がある。このような場合には，手を添えて指導する。
- 動作1～3が簡単すぎる場合には，動作4だけを繰り返してもよい。

■注意

- 両肩と骨盤でつくる四角形が常に一定の姿勢に保たれていることが重要である。体幹や骨盤がねじれないように注意する（a，b）。
- 伸ばした腕，脚が床に対して平行であることを確認する。

125

14. ボールキャッチ

■目的
環境に合わせて体を使う。

■方法1

1. 両手でボールを持って立つ。
2. ボールを上に高く投げ上げ，空中にあるうちにその場で1回転する。
3. ボールをキャッチする。
    * 開始した位置でボールをキャッチできるように努める。
    * うまく行えない場合は，ボールが1回バウンドするのを待ってからキャッチする。
    * うまく行える場合は，ボールが空中にあるうちにその場で1回転半，あるいは2回転してキャッチする。

■方法2

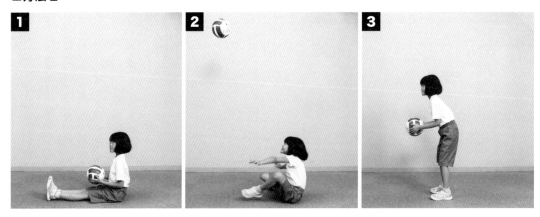

1. 両手でボールを持って，脚を伸ばして座る（長座位）。
2. ボールを上に高く投げ上げ，空中にあるうちに素早く立ち上がる。
3. 立った状態でボールをキャッチする。
    * うまく行えない場合は，ボールが1回バウンドするのを待ってからキャッチする。

第 4 章　運動指導法

> **運動要素**
> 　瞬発力
> 　運動イメージ
> 　協調性

■**方法 3**

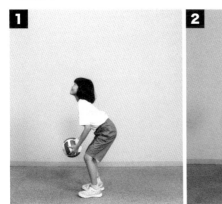

1. 両手でボールを持って立ち，上に高く投げ上げる。
2. ボールが空中にあるうちに素早く座る。
3. 座った状態でボールをキャッチする。
   * うまく行えない場合は，床に殿部をつけて座るのではなく，しゃがみ込んだ姿勢でボールをキャッチする。

■**ポイント**

- ボールをまっすぐ上に上げることや，ボールの動きや落下地点を予測し素早く体を動かすことで，運動イメージを高め，協調的な動作を引き出すことができる。
- ボールをまっすぐ上に上げることが困難な子どもには，難易度を下げて実施する。
- ボールを使用することが難しい場合は，風船で同様の運動を行うことで，難易度を下げる（**a，b**）。
- 一連の動作を 1 人で行うことが困難な場合は，指導者がボールを投げ，ボールをキャッチすることに集中させてもよい。

■**注意**

- 素早く動くため，周りにぶつかる物がないように気をつける。

15. ジャンプタッチ

■目的
リズムよく素早く体を動かすことで、瞬発力や協調性を向上させる。

■方法1

1. 足を肩幅に開き、リラックスして立つ。
2. 両足同時にジャンプし、両膝を胸のほうまで抱えるように曲げ、両肘で膝に触る。
3. 素早く元の状態に戻り、両足同時に着地する。

■方法2

1. 足を肩幅に開き、リラックスして立つ。
2. 両足同時にジャンプし、両膝を後ろ側に曲げ、両手で踵を触る。
3. 素早く元の状態に戻り、両足同時に着地する。

第 4 章　運動指導法

> 運動要素
> 　瞬発力
> 　筋力
> 　協調性

■ポイント
- 瞬発力や筋持久力，協調性を総合的に把握することができる運動である。そのため，トレーニングとして行わせるだけでなく，子どもの状態を把握するための評価としても用いられる。
- 連続してジャンプすると，難易度が上がる。
- 1回でもできる子どもは，10回連続して行う。10回行える場合は，何秒かかるか計測し，経過を追う。
- 実施時間だけでなく，ジャンプのリズムが常に同じか，1〜3回目と比べて8〜10回目のリズムが遅くなっていないかなどについても記録するとよい。
- 着地の時に片手を上げる，両手を上げるなど，ポーズを変えると，楽しく行えて，難易度も上がる。

■注意

- 方法1で空中で肘を膝につける時に，肘を曲げすぎて大腿につけないようにする（写真）。
- 素早く行わないと，勢いよく着地しなければならなくなるため，注意が必要である。

129

16. ヘキサゴンジャンプ

■目的
協調性と俊敏性を向上させる。

■方法

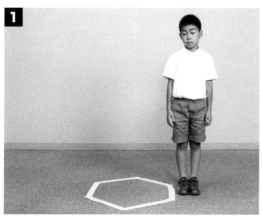

1. 床にテープなどで六角形の線を引く。
   子どもは，一辺の横に足を閉じて立つ。

2. 両足で横へジャンプして，六角形の中へ入る。

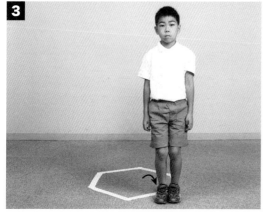

3. 両足で斜め前にジャンプして，六角形の外へ出る。
   またジャンプしてその辺の中へ入り，ジャンプして外へ出ることを繰り返す（**図4-1**）。

連続してジャンプし，6辺を移動して1周する時間を計測する。
右回りしたら，左回りも行う。

第 4 章　運動指導法

> **運動要素**
> 協調性
> 俊敏性

■ポイント
- 連続ジャンプを行うので，体幹が安定していないと，体が斜めになり，時間がかかる。
- 大きくジャンプする必要はないが，細かく，素早く，連続してジャンプすることを要求する。
- リズムよくジャンプできない場合は，指導者の手拍子に合わせたり，子どもが自分で「1・2・1・2」と声をかけながらジャンプする。
- 毎回，時間を計測しておくと，モチベーションの向上につながる。

■バリエーション
- 上級編として，片足で連続してジャンプすることもできる。習熟度に合わせて行うとよい。

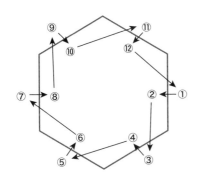

図 4-1　ジャンプする順番

17. 腕立てジャンプ

■目的

体幹の筋を強化し，運動リズムを向上させる。

■方法1

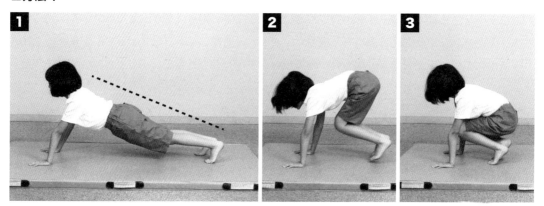

1. 腕立て伏せの姿勢をとる。この時，肩・腰・足が一直線になるように姿勢を保持する。
2，3. 両腕で体を支えたまま，両脚をグッと一気に曲げて抱え込む。この時，できるだけ両手の近くに足をつくようにする。
4. 両腕で体を支えたまま，両脚を一気に持ち上げて，1の姿勢に戻る。
   10往復を目安に行う。

■方法2

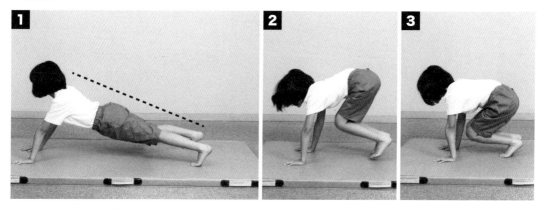

1. 腕立て伏せの姿勢で，両足を開く。この時，肩・腰・足が一直線になるように姿勢を保持する。
2，3. 両腕で体を支えたまま，両脚をグッと一気に曲げて抱え込む。この時，できるだけ両手の近くに足をつくようにする。
4. 両腕で体を支えたまま，両脚を一気に持ち上げて，1の姿勢に戻る。
   10往復を目安に行う。

第4章　運動指導法

> 運動要素
>   瞬発力
>   協調性
>   バランス

■方法3

1. マットの上で両膝を曲げてしゃがみ，両手両足で支持する。
2. 両腕で体重を支えたまま，両足を上に蹴り上げて，逆さ姿勢となる。
   その姿勢のまま，空中で両足の裏をパンパンと連続して打ちつける。
   何回足の裏を打てるか数える。

■ポイント

- 全身のバランスや瞬発力が求められる。腕立て伏せの姿勢から脚を曲げる際の筋活動と，脚を曲げた姿勢から開始姿勢に戻る筋活動は異なり，開始姿勢を保持する時に制御する筋活動も異なる，複合的な運動である。
- 腕立て伏せの姿勢で腰が反りやすい子どもは，臍を見て行うと，動作全体を行いやすくなる。

■注意

- 腕立て伏せの姿勢に戻る時に，勢いをつけすぎて腰を反ると，腰痛を起こすことがあるので，注意が必要である。
- 腰を反りすぎたり，丸めすぎたり（写真）しないように注意する。
- 肩甲骨の内側が浮かないように（背中が丸くならないように）注意する。

18. ラダートレーニング

■目的
動的バランスを向上させると同時に，動作のテンポを速め俊敏さを向上させる。

■方法1

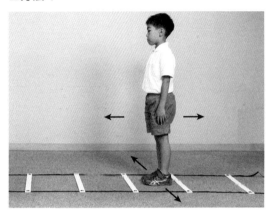

1. 床にひも，テープなどで梯子を描く（市販の梯子を使用してもよい）。
   子どもは，梯子の中に立つ。
2. 梯子を踏まないように，前方，後方，側方へ歩く。
   * 歩く速さを速くしたり，遅くしたりと変化させてもよい。遅い動作を正確に行うことでも難易度は上がる。

■方法2

1. 枠内だけを片足ジャンプで前進する。

■方法3

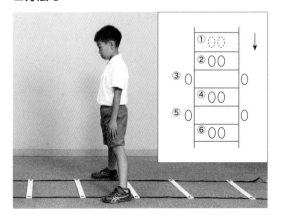

1. 子どもは，梯子の中に立つ。
2. 前方へジャンプし，枠内に両足で着地する。
3. 前方へジャンプし，左右の足を開いて，梯子をまたぐように枠外に両足で着地する（写真）。

2，3を繰り返して前進する。

第 4 章　運動指導法

運動要素
協調性
バランス
俊敏性

■方法 4

1. 子どもは，梯子の中に立つ。
2. 前方へジャンプし，枠内に両足で着地する。
3. 前方へジャンプし，片側の枠外に両足で着地する（写真）。
4. 前方へジャンプし，枠内に両足で着地する。
5. 前方へジャンプし，反対側の枠外に両足で着地する。

2〜5を繰り返して前進する。

■方法 5

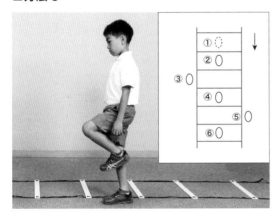

1. 子どもは，梯子の中に片足で立つ。
2. 前方へジャンプし，枠内に片足で着地する。
3. 前方へジャンプし，片側の枠外に片足で着地する。
4. 前方へジャンプし，枠内に片足で着地する。
5. 前方へジャンプし，反対側の枠外に片足で着地する。

2〜5を繰り返して前進する（スラローム）。
反対側の足でも同様に行う。

■ポイント
- 不安定な状態で，歩く，ジャンプするなどの運動を行うことで，動作中の姿勢安定性を育てる。
- 不安定であれば，初めはゆっくりしたテンポで行い，段階的にテンポを速める。
- 歩行などは，テンポを通常より遅くすると，かえってバランスをとることが難しくなる。テンポに緩急をつけて，繰り返し練習する。
- 子どもが運動手順を正確に理解できるよう，初めは時間をかけて説明する。

■注意
- 速いテンポでは，転倒しないよう注意する。

19. まねっこ運動

■目的

協調性と俊敏性を向上させる。

■方法

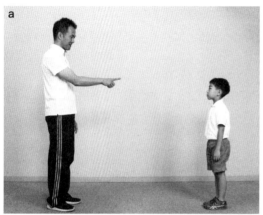

1. 子どもは指導者の前に気をつけの姿勢で立つ（a）。
2. 指導者は，「上」「下」「前方」を指で示す。子どもは，指導者が上を指せば，できるだけ素早くジャンプする（b）。下を指せば，素早く両膝を曲げてしゃがむ動作を行う（c）。前方を指せば，「気をつけ」の姿勢を保持する（a）。
   * しゃがむ動作は，踵を床につけた状態で，しっかりと両膝を曲げる。

集中力が続く程度に 10 〜 20 回繰り返す。

第4章 運動指導法

運動要素
協調性
俊敏性

■ポイント
- 第1のポイントは集中力なので，指導者の指の動きに集中できるように誘導する。
- 指導者の指の動きに注意しながら動作を行うので，どちらかが疎かにならないようにする。
- 慣れてきたら，指示する速度を上げて，より素早い動作を促す。その時に，1つひとつの動作が小さくならないようにする。

■バリエーション
- 示す方向に「右」「左」も加えて，その時に行う動作を決めておくと，指示する動作の種類が増えて難易度が増す。

■注意

- ジャンプする時に体幹が弓状に反らないよう注意する（写真）。過剰に反って行う子どもは，ジャンプ動作が体幹を伸展するイメージになっている。両膝を軽く曲げて連続してジャンプする練習を行うとよい。

20. 2つのボールドリブル

■目的
物を扱いながらの運動リズムを向上させる。

■方法1

1. 大きさや硬さなど種類が異なる2つのボールを，左右の手に1つずつ持つ。
2. ボールを両側同時に地面につく。
   連続して何回行えるか試みる。

■方法2

1. 種類の異なる2つのボールを，左右の手に1つずつ持つ。
2. 片方のボールを地面につき，もう片方のボールを上へ投げる。
3. 初めのうちは，1回ずつボールをキャッチし，左右のボールのリズムが同じになるように心掛ける。
   同じ動作を連続して何回行えるか試みる。
   手を逆にして，同様に何回行えるかを数える。

第4章　運動指導法

> **運動要素**
> 　協調性
> 　運動イメージ
> 　リズム

■ポイント

- 2つの用具を使用することで，運動イメージや協調的な動作が中心に鍛えられる。
- 立った状態でボールを扱うことが困難な場合，しゃがんだり，膝立ちで行うことで，ボールをコントロールする距離が縮まり，難易度を下げることができる（a）。
- 方法2では，上に上げるボールを風船に変更すると，空中でコントロールする時間が確保できるため，難易度が下がる（b）。

■バリエーション
- 方法1をうまく行える子どもは，ボールを強くついたり，ボールを交互に地面につく，左右でボールをつく高さを変えるなど，いくつかの方法を組み合わせることで難易度を調整する。
- 方法2をうまく行える子どもは，地面につく回数を変えたり，上へ投げるボールの高さを変えることでリズムを変え，難易度を調整する。

■注意
- 複数のボールを使用するため，失敗した時にはボールが転がりやすい。周りにぶつかる物がないように気をつける。

21. バランスディスクトレーニング

■目的
股関節と体幹の連携を高める。

■方法

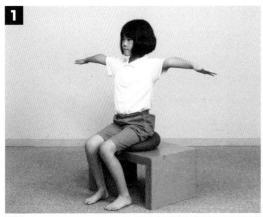

1. 椅子や台の上にバランスディスクを置き、その上に座る。
   * 股関節と膝関節が90°になるようにする。座面が高い場合は、足台を使うとよい。
   * 背すじは伸ばしすぎても曲げすぎても脊柱の可動性が制限される。背すじを伸ばした状態と曲げた状態の中間の位置とする。

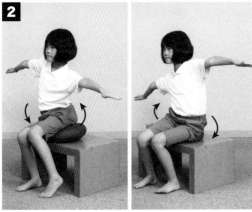

2. 頭を動かさないようにしながら、骨盤を左右に傾斜させる。
   * 骨盤を左右に傾斜させる時には、片側の肩と骨盤が近づくように意識し、反対側の体側が伸びるのを感じられるとよい。

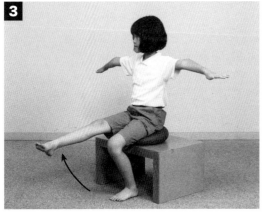

3. 片側の膝を伸ばして脚を上げ、10秒保持する。

4. 片脚を上げた状態で、頭を動かさないようにしながら、骨盤を左右に傾斜させる。
   10往復を目安に行う。
   * 骨盤を左右に傾斜させる時には、片側の肩と骨盤が近づくように意識し、反対側の体側が伸びるのを感じられるとよい。

反対側でも同様に行う。

第4章 運動指導法

運動要素
協調性
バランス
筋力

■ポイント
- 座面が高すぎても低すぎても難易度が上がるため，子どものやりやすい高さで始めてよい。足台を使用する場合は，本や雑誌を一まとまりにしたものや，段ボール箱などを使用してもよい。
- 片脚を上げる運動では，座面を高くすると股関節を深く曲げて保つ必要があるため，体幹の筋の活動がより多く求められるようになる。
- 頭と脚を動かさずに骨盤だけを動かす運動はとても難しい。最初はできていても，続けているうちに上げている脚が徐々に動いたり，支えている脚が動いたりすることがある。安定したフォームで，どの程度の時間行えるのかを記録することも重要である。

■注意

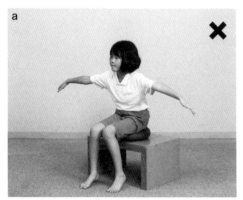

- 開始時や動作中に背中が丸まらないように気をつける（a）。
- 片側の膝を伸ばして脚を上げた状態で骨盤を傾斜させると，上げている脚が内側に向きやすい（b）。上げている脚の膝の皿（膝蓋骨）を天井へ向けることを意識して行うようにする。

22. テニスボール投げ

■目的
全身の筋を協調的に働かせる機能を向上させる。

■方法

1. カゴから3m離れたところに立ち，片手でテニスボールを持って構える。

2. テニスボールを前方のカゴに投げ入れる。

3, 4. 投球をうまくコントロールできるようであれば，カゴの位置を徐々に遠くして行う。

第 4 章　運動指導法

> **運動要素**
> 　協調性
> 　運動イメージ
> 　バランス

5. 投球時のバックスイングができるよう指導する。

6. さらに，捕球の練習へと進め，最終的にキャッチボールが可能なように進めていく。

■ポイント

- 投球には，まず姿勢が安定していること，そのうえで腕を随意的にコントロールすることが求められる。
- ターゲットとするカゴにうまく投げ入れる運動は，失敗を繰り返しながら，力の具合を制御し，調整することが必要である。
- 発展運動としての捕球動作は，視覚で接近するボールの速さ，距離を予測することが必要であり，視覚と上肢の協調運動となる。
- 投球動作は，年齢とともにより協調性のとれた運動へと発達していく。発達の段階に個人差もあるので，難易度を調節して行う。テニスボールで上手投げができないようなら，より大きなボールを使い，両手の下手投げから始める。
- 姿勢のコントロールが未熟で，うまく投球できない場合は，座位で投球する段階から始める。

23. ドリブル

■目的

動くボールを視覚でとらえ，体を移動させてキックすることで，動的バランスと，全身協調性を向上させる。

■方法

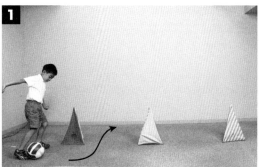

1, 2. コーンを1～2m間隔で並べる。
子どもは，バレーボールかサッカーボールを蹴りながら，コーンを左右交互によけて前進する（スラローム）。

3, 4. 最後のコーンをまわったら，同じようにスタート位置まで戻る。

徐々にスピードを上げて行う。

第4章　運動指導法

```
運動要素
  協調性
  バランス
  運動イメージ
  瞬発力
```

■ポイント

● 動くボールをとらえるためには，視覚で速度と距離を予測する必要があり，この機能はすべての運動において必要である。床をゆっくり転がるボールをとらえることは，比較的容易であり，この機能を修得するための導入課題となる。歩く，走るなど，移動しながらボールを蹴るためには，動的にバランスが保たれる必要もある。これらを総合し，視覚と全身の筋が協調的に活動することができて，初めてスムーズな動きになる。

● ボールキック動作は，年齢とともに変化する。2，3歳では動くボールを蹴ることは難しく，キック動作もほとんど上体を動かさずに足先だけで行う。子どもが動くボールに対応できない場合は，静止したボールのキックから始める。それでも姿勢が不安定な場合は，座位でキックする方法もある。

● 速度を速めると，難易度が高まる。

■バリエーション

● 時間を争うゲーム形式にしてもよい。

● 指導者とボールを取り合うゲーム形式にしてもよい。

145

24. ボールタッチ

■目的

動的バランスを向上させるとともに，動作のテンポを速め俊敏性を向上させる。

■方法

1. 指導者と子どもは向かい合って立つ。
   指導者は，ボールを手に持ち，それに注目するよう子どもに指示する。

2. 指導者はボールをそっと投げ，ヘディングするよう指示する。
   子どもはタイミングを合わせ，ヘディングする。

3. 子どもにいったん後ろを向かせ，顔だけ指導者に向けて，ボールを見るよう指示する。

第4章 運動指導法

> **運動要素**
> 協調性
> 俊敏性
> バランス

4. 指導者はボールをそっと投げ，殿部で触るよう指示する。
  子どもはタイミングを合わせ，殿部でボールに触る。

■ポイント
- 協調性の課題である。動くボールを視覚でとらえ，動きを予測することが求められる。さらに，ボールの動きに合わせ，姿勢を変え，ボールにタッチする。このためには，視覚と体幹・四肢が協調して，1つの目的動作をする必要がある。
- この課題を通して柔軟な協調性と俊敏性を向上させる。
- ボールを手以外の部位で触ることは，子どもにとって容易ではない。ボールに注目するよう促し，ゆるやかなボールで行う。

■注意
- 特に殿部でのタッチは，背面で行う動作であるため難しい。指導者は，子どもに何度も失敗させ続けることがないよう工夫する。

25. 飛行機

■目的
体幹の筋力を向上させる。

■方法１

1. 指導者がマット上に仰向けとなり，子どもの両手を持ち，両足の裏で骨盤を支え，子どもを持ち上げる。
   子どもは両腕両脚をピンとまっすぐ伸ばして，姿勢を保持する。
2. 指導者は子どもを前後左右に動かし，バランスを崩させる。
   子どもは姿勢が崩れないように，両腕両脚を伸ばした姿勢を保持するように努める。

■方法２

1. 方法１をうまく行えた場合，指導者は子どもの両脇を持ち，両足の裏で骨盤を支え，子どもを浮かせる。
   子どもは両腕両脚をピンとまっすぐ伸ばして，姿勢を保持する。
2. 指導者は子どもを前後左右に動かし，バランスを崩させる。
   子どもは姿勢が崩れないように，両腕両脚を伸ばした姿勢を保持するように努める。

第 4 章　運動指導法

> 運動要素
> 　筋持久力
> 　筋力
> 　バランス

■ポイント
- 指導者は，子どもの笑顔を引き出せるように声を掛けながら行う。
- 指導者が前後左右に子どもを動かす際は，子どもが過度にバランスを崩さないように反応を見ながら加減する。

■バリエーション
- 方法1，2でバランスをとれた子どもは，指導者の手のサポートをなくし，骨盤だけを支持して，飛行機の姿勢をとらせてもよい。

■注意

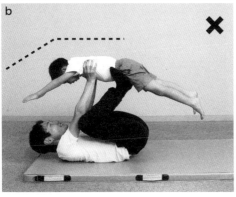

- 股関節が曲がったり（a），腕が床に近づいたりしないように（b），両手両足をまっすぐ伸ばした姿勢を保持できるように気をつける。
- 子どもの転落には十分に気をつける。指導者はいつでも助けられるように備えておく。

26. 手押し車

■目的

体幹の筋力を向上させる。

■方法

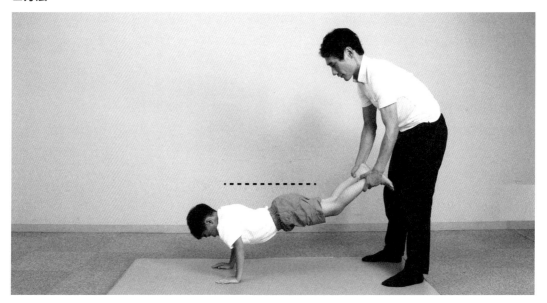

1. 子どもは腕立て伏せの姿勢をとり，指導者が両足の足首を持つ。
    * この時に，両膝は軽く曲げてよい。
    * 体幹が床と平行になるようにする。
    * 開始姿勢で腰を反りすぎる場合は，臍を見るように指示したり，指導者が持っている足を子どもの肩の高さより低く下げることで対応する。
    * 肩甲骨の内側が浮かないように注意する。
2. 目標物を決めて，そこまで前進や後退，横移動などを行う。

第4章　運動指導法

> **運動要素**
> 　筋持久力
> 　筋力
> 　協調性

■ポイント
- この運動では，下半身をできるだけ動かさないようにし，上半身を主に動かすようにする。そうすることで，下半身は静的な筋収縮，上半身は動的（ダイナミック）運動となり，全身持久力や，上半身と下半身の協調的な動作を鍛えることができる。
- 足首を支えられると姿勢を保持することができない子どもは，指導者が大腿や骨盤を持ち，下半身の活動を減らすことで，全体的な難易度を下げる。

■注意

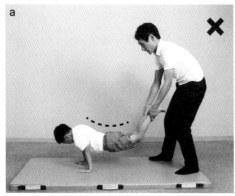

- 膝が過度に曲がると，腰が反りやすくなり，負担がかかるので，気をつける（**a**）。開始姿勢をとった時に腰が反ってしまう子どもは，腰を痛める可能性があるので，注意が必要である。体幹が床と平行になるように，指導者が腰のまわりをサポートしながら実施する必要がある。
- 姿勢を保持しようとしたり，前進・後退をしようとして，反動をつけて股関節や膝関節を曲げることがある（**b**）。そのような時には，下半身を伸ばして姿勢を保持するように促す。

27. ストレッチ1：体幹

■目的
体幹の筋をストレッチし，筋力を強化する。

■方法

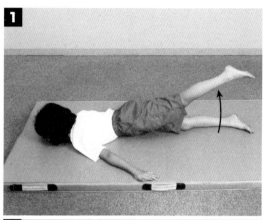

1. マットの上にうつ伏せになり，片側の脚を高く上げる。
   * 脚を高く上げすぎることによって，この時点で体が左右にねじれないように気をつける。

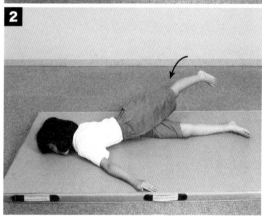

2. 上げた脚を，反対側の脚の外側へゆっくり倒していく。
   体のバランスを崩さないように保持しながら行う。
   * 脚をできるだけ高く上げて，骨盤からひねるように体幹を回旋する。その時に，体幹の前面が伸びているのを感じる。
   * 息を吐きながら行う。
   * 脚の重みをコントロールしながら，ゆっくり行う。
   * 1回のストレッチを30秒以上行う。体幹から脚前面の筋が特に硬い場合は，2分程度行ってもよい。その間，呼吸は深く大きく行う。

反対側でも同様に行う。

第 4 章　運動指導法

> **運動要素**
> 　柔軟性
> 　筋力

■**ポイント**

- 最近は柔軟性が低下している子どもが多い。特に体幹や股関節が硬い子どもが多いので，このような体幹のストレッチが重要となる。
- 体幹を回旋する可動域は，呼吸の運動だけではなく，ボール投げなどの3次元的な力強い運動を行う時に必須になる。その柔軟性を改善することは，そのような運動の基本的な能力を強化することにつながる。
- 力を使ってひねるのではなく，脚の重みを利用して行う。

■**注意**

- 動作の間，呼吸を止めないように気をつける。呼吸を止めると，腹側の筋を働かせてしまい，ストレッチ効果が低下する。
- 両方の肩がマットから浮かないように注意する。

28. ストレッチ2：大腿前面

■目的
大腿前面の筋の柔軟性を向上させる。

■方法1

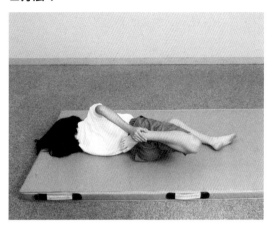

1. マットの上に横向きに寝て（側臥位），上になった側の脚の膝を深く曲げる。
2. 踵が殿部につくように，大腿を後ろへ引っ張り，膝をより深く曲げるように，手の力も利用して行う。
   * 1回のストレッチを30秒以上行う。筋が特に硬い場合は，2分程度行ってもよい。その間，呼吸は深く大きく行う。
   * ただ膝を曲げるのでなく，股関節が伸びるように（大腿を後方に引くように）筋を伸ばすと効果が高い。

■方法2

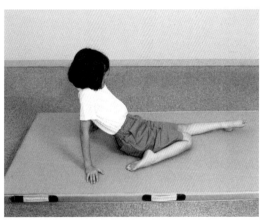

1. マットの上に脚を伸ばして座り（長座位），片脚の膝を曲げ，大腿の横に足を置く。
2. 体幹を徐々に後方へ傾けて，大腿を伸ばしていく。脚が浮かなければ，上体を完全にマットにつけてもよい。
   * 殿部が硬くてマットにつかない場合には，無理のない範囲で伸ばすようにし，必要であれば両腕で体を支える。
   * 1回のストレッチを30秒以上行う。筋が特に硬い場合は，2分程度行ってもよい。その間，呼吸は深く大きく行う。

運動要素
柔軟性

■ポイント
- ストレッチは，痛みを感じることなく，筋がよく伸びていることを感じる程度で行う。
- このストレッチは，主に大腿前面にある大腿直筋（**図4-2**）に対して効果がある。膝を伸ばす時に使われる筋である。この筋が硬いとスポーツ障害につながることもあるので，予防のために早い時期からストレッチする必要がある。

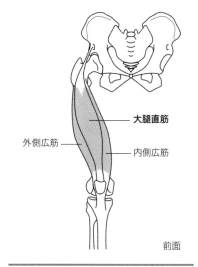

図4-2 大腿直筋
(中村尚人 編著：コメディカルのためのピラティスアプローチ，ナップ，2014より引用)

■注意
- 呼吸を止めないように注意する。ストレッチしている時は，大きな呼吸を心掛ける。
- ケガなどのために膝が曲がりにくかったり，痛みがある場合には，無理に行わないように注意する。

29. ストレッチ3：背中

■目的
背中の柔軟性を向上させる。

■方法

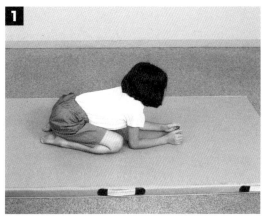

1. マットの上に正座し，左右の膝を開く。
   上体を倒し，両肘から前腕をマットにつける。

2. 殿部を上に上げて，前腕を前方へすべらせながら，ゆっくりと背中を伸ばしていく。
   * 1回のストレッチを30秒以上行う。筋が特に硬い場合は，2分程度行ってもよい。その間，呼吸は深く大きく行う。
   * 可能であれば，左右の肘をつけた状態で伸ばすと効果が高い。

第4章　運動指導法

運動要素
柔軟性

■ポイント
- ストレッチは，痛みを感じることなく，筋がよく伸びていることを感じる程度で行う。
- このストレッチの対象となるのは，肩から骨盤に付着している広背筋（**図1-9**参照）である。背中にある広背筋が伸びていることを感じながら行う。
- これらの筋が硬いと，投げる動作や走る動作のパフォーマンスが悪くなったり，ケガが発生するという報告がある。
- 肩甲骨の外側が伸びていることも感じられると，効果が高くなる。

■バリエーション

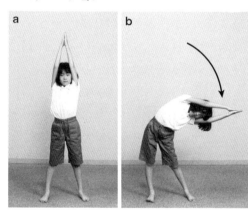

- 左右の足を開いて立ち，両腕を上げて左右の手のひらを合わせる（**a**）。そのまま，上体を横に倒していく（**b**）。この方法も同じ筋のストレッチだが，より高いストレッチ効果が得られる。

■注意
- 息を止めないように注意する。ストレッチしている時は，大きな呼吸を心掛ける。
- 腰が過剰に反らないように気をつける。

30. ストレッチ４：大腿外側面

■**目的**

大腿外側の筋の柔軟性を向上させる。

■**方法**

1. 少し低い台に片側の手をついて立つ。
   台に近い側の脚を後方にして，両脚を交差させる。

2. 体をゆっくり沈めていく。
   その時に，後ろにある側の脚を横に伸ばし，大腿の外側の筋を伸ばす。
   ＊１回のストレッチを30秒以上行う。筋が特に硬い場合は，２分程度行ってもよい。その間，呼吸は深く大きく行う。

反対側でも同様に行う。

第4章　運動指導法

運動要素
柔軟性

■ポイント
- ストレッチは，痛みを感じることなく，筋がよく伸びていることを感じる程度で行う。
- 自らの体重で筋を伸ばしていく。
- このストレッチで対象となるのは大腿筋膜張筋（**図4-3**）である。立つ姿勢が不良だと，この筋をよく使用するため硬くなりやすく，この筋が硬くなると腸脛靱帯炎になりやすい。

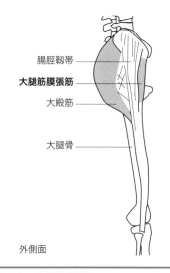

図4-3　大腿筋膜張筋
（河合良訓 監：肉単，エヌティーエス，2004 より引用）

■注意
- 台に手をついている側に体が過剰に傾かないように注意する。むしろ，手をついていないほうへ体幹が側屈するように促す。
- 姿勢を保持することが難しい場合は，台と反対側の手を床について支えてもよい。

31．ストレッチ5：大腿後面

■目的
大腿後面の筋の柔軟性を向上させる。

■方法

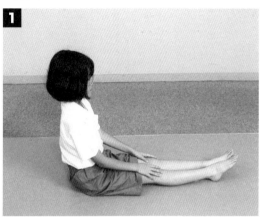

1. 左右の脚をつけて，膝を伸ばして座る。骨盤をできるだけ起こし，背中を伸ばしておく。

2. 骨盤を起こしたまま，骨盤からお辞儀をするように（骨盤を前傾させる），体幹をゆっくり前屈し，両手を前へ伸ばしていく（写真では骨盤がやや後傾しているが，前傾するように意識させる）。
   * 両手を脚に沿ってゆっくりと前へ伸ばしていくようにする。
   * 1回のストレッチを30秒以上行う。筋が特に硬い場合は，2分程度行ってもよい。その間，呼吸は深く大きく行う。

第4章　運動指導法

> 運動要素
> 柔軟性

■ポイント
- ストレッチは，痛みを感じることなく，筋がよく伸びていることを感じる程度で行う。
- 子どもは手を足先につけることを意識しがちであるが，そうではなく骨盤を起こしてお辞儀させていくこと（骨盤前傾）を意識させる。
- 勢いをつけて伸ばすのではなく，ゆっくり行うことが重要である。
- このストレッチで伸ばされるのは，大腿後面のハムストリングス（図4-4）である。これらの筋が硬いと，腰痛になりやすい。

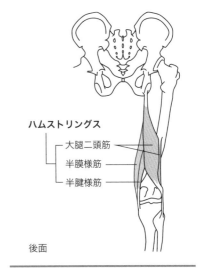

図4-4　ハムストリングス
(中村尚人 編著：コメディカルのためのピラティスアプローチ，ナップ，2014 より引用)

■注意
- 両膝が曲がらないように注意する。
- 一連の動作を勢いよく行うと腰に負担がかかるので，大腿の後ろが伸びていることを感じながらゆっくり行うように注意する。
- ストレッチする時は呼吸を止めないようにして，息を吐きながら行う。

32. 股関節の柔軟運動 1

■目的
股関節の柔軟性を高める。

■方法

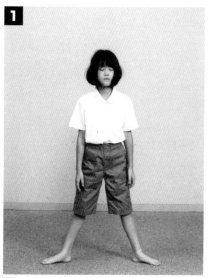

1. 左右の足を肩幅より広めに開いて立つ。

2. 手を膝に当て，殿部を真下にゆっくり下ろす。
   * 膝を曲げるというより，股関節を曲げるイメージで行う。「四股を踏む」動作に似ている。
   * 1回のストレッチを30秒以上行う。筋が特に硬い場合は，2分程度行ってもよい。その間，呼吸は深く大きく行う。
   * 体幹を少し前傾させるとよい。

第 4 章　運動指導法

> **運動要素**
> 柔軟性

■ポイント
- ストレッチは，痛みを感じることなく，筋がよく伸びていることを感じる程度で行う。
- 股関節を曲げる可動域は多くのスポーツ動作に関連しており，その柔軟性を改善することは，パフォーマンスの向上やケガの予防につながる。

■バリエーション

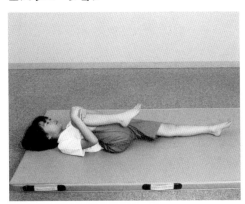

- 股関節を曲げた時に特にその硬さを感じる場合には，マットの上に仰向けに寝て，片側の脚を両手で抱えて深く曲げ，胸につけるようにさらに曲げていく（写真）。殿部の筋が伸びていることを感じながら，脚を少し開いたり閉じたりして調整する。反対側の脚が浮かないように注意する。

33. 股関節の柔軟運動 2

■目的

股関節の柔軟性を高める。

■方法

1. 椅子か台の上に座り，両腕を前方へ伸ばして上げる。
   あまり深く腰掛けずに，骨盤を起こして準備する。

2. 体幹を前方に倒し，股関節を深く曲げる。
   体幹は伸ばしたまま，両手を前方へ伸ばしていく。
   そのまま10秒保持する。
   その後，1の姿勢に戻る。

10回繰り返す。

第 4 章　運動指導法

> **運動要素**
> 柔軟性

■ポイント

- 骨盤を起こした状態から，さらに前傾していく。股関節をしっかりと曲げることが重要である。股関節を中心に体を前方または後方へ回転させる動きをイメージする。
- ゆっくりした動作で行う。体を前方へ倒す時には息を吐きながら行う。
- 股関節を曲げる可動域は多くのスポーツ動作と関連しており，その柔軟性を改善することはパフォーマンスの向上やケガの予防につながる。

■注意

- 動作 2 で，上げた腕が前下方に下りていく場合は，股関節ではなく体幹を曲げていることになるので，注意する。
- 体幹が過剰に伸びない（弓なりにならない）ように注意する。

34. 股関節の柔軟運動 3

■目的

股関節の柔軟性を高める。

■方法

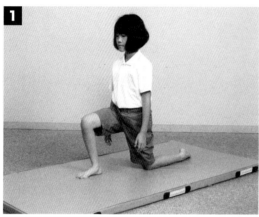

1. マットの上に片膝立ちになる。

2. 両手をマットについて体を支えながら，立てた脚を横に倒し，股関節を広げるように殿部をマットにつける。
   * 体幹は床面に対して垂直になるようにする。
   * 大腿の外側面を床面につけるように股関節を広げる。
   * 1回のストレッチを30秒以上行う。筋が特に硬い場合は，2分程度行ってもよい。その間，呼吸は深く大きく行う。

反対側でも同様に行う。

第 4 章　運動指導法

運動要素
柔軟性

■ポイント

● ストレッチは，痛みを感じることなく，筋がよく伸びていることを感じる程度で行う。

● 殿部がマットにつかない場合には，できる範囲で殿部を下ろせばよい。

● 後ろの脚はできるだけ伸ばしておく。

● 前の脚は股関節を内転・内旋する筋を，後ろの脚は大腿直筋（**図 4-2** 参照）を伸ばしている。

■バリエーション

● 上級編として，動作 2 から両手のひらを合わせて真上に上げ，保持する方法もある。この方法だと，体幹が前傾しにくい。

● 余裕があれば，前方の脚を外に開いて体重をのせ，股関節を伸ばす。

■注意

● 体幹が前傾しないように注意する。

● 骨盤はできるだけ起こして行う。

167

35. 足首の柔軟運動

■目的
足関節の柔軟性を高める。

■方法

1. 両足を開いて立つ。
   前方に台を置き，その上に両手をつく。

2. 両足を床に完全につけたまま，股関節と膝関節をゆっくりと曲げて，殿部を下ろしていく。
   しゃがみ込んだ姿勢で30秒保持する。
   * 殿部を下ろしていく時には，ゆっくりと行う。
   * 可能であれば，下腿が前傾するように，体を前方へ保持する。
   * 踵が床から離れないように注意する。

10回程度繰り返す。

第4章 運動指導法

> 運動要素
> 　柔軟性
> 　バランス

■ポイント
- 近年，和式トイレに座れないなど，足関節が硬い子どもが増加しており，この運動は運動器検診に取り入れられている。
- 足関節周辺が硬い場合だけでなく，重心のコントロールが苦手な場合にも，この動作を行えないことがある。
- ストレッチは，痛みを感じることなく，筋がよく伸びていることを感じる程度で実施する。

■バリエーション
- 難易度を上げる場合は，台に手をつかずに行う。その時に，両腕を前方へ伸ばしておくと難易度が比較的低くなり，手を後ろで組むと難易度がより高くなる。

■注意

- 踵が浮かないように注意する。
- 足関節が硬い場合には，写真のように殿部が完全に下方へ下りきらない。その場合，殿部が後方へ下がり，足関節の柔軟性のための運動にならない。殿部を下方へ下ろすことを意識して行わせることが重要である。

169

36. 脊柱の伸展運動

■目的
背中の可動性を広げる。

■方法

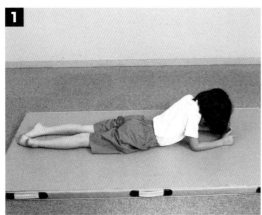

1. うつ伏せになり，両肘で体を支える。
   両脚は曲がらないように伸ばしておく。

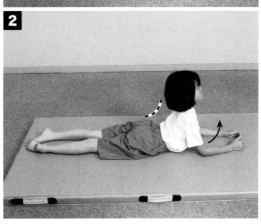

2. 上体を起こし，腰から背中までを上に伸ばしていく。
   その時に，体が左右へ倒れないように，前腕で体をしっかり支える。
   * 大腿から骨盤までがマットから浮かないようにする。
   * 1回のストレッチを30秒以上行う。筋が特に硬い場合は，2分程度行ってもよい。その間，呼吸は深く大きく行う。

第 4 章　運動指導法

運動要素
柔軟性

■ポイント

- ストレッチは，痛みを感じることなく，筋がよく伸びていることを感じる程度で実施する。

■注意

- 大腿から骨盤までがマットから浮かないように注意する。浮いてしまう場合には，最初は指導者が固定する。
- 勢いよく伸ばすと腰痛の原因となることがあるので，腰から背中全体が伸びていることを確認しながら，ゆっくり伸ばすように気をつける。
- 腰が痛い場合には，無理をしない程度で行う。

37. 背骨体操

■**目的**

背中の柔軟性を高め，体幹の協調性を向上させる。

■**方法**

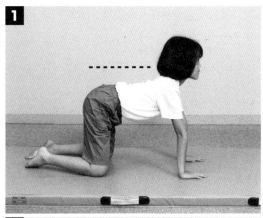

1. 四つ這いの姿勢をとる（基本姿勢）。
   * 股関節の下に膝，肩関節の下に手が接地するようにする。
   * 背中が床面と平行になるようにする。

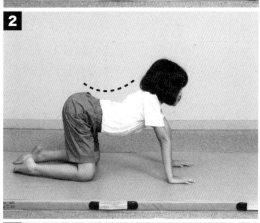

2. 基本姿勢から，体幹をできるだけ反る。
   * 頭を上げると行いやすい。
   * 力を抜くことでこの姿勢にはなりやすいが，力を抜くのではなく，背中を反らしていくことを意識して行う。

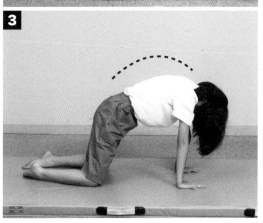

3. 1に戻り，そこから体幹を上部へできるだけ凸にする。
   * 頭を下げると行いやすい。
   * 体の前にボールがあるような意識で，背中を丸めていく。

2，3を交互にゆっくり5回ずつ行う。

第4章　運動指導法

> **運動要素**
> 柔軟性

■ポイント

- 四つ這い姿勢（基本姿勢）は，背中が曲がらないようにし，背中を床面と水平に維持する。この状態で安定しない場合は，両腕・両脚に交互に体重を負荷して，肩甲骨周囲と骨盤周囲の筋を鍛える。また，腹部を凹ませて働かせることで，体幹の安定性を高める。
- 動作2と動作3は，背中が曲がったり伸びたりすることを意識して，ゆっくり行う。
- 体を支える力だけではなく，曲げることと伸ばすことの協調的な動きの向上にもつながる。
- 脊柱の可動性はあらゆる動作の基本となる。
- 動きをイメージしにくい場合は，指導者が最終的な姿勢に誘導し，そこまでの動きを促す。

38. 体幹の回旋運動

■目的

体幹の柔軟性と筋力を高める。

■方法

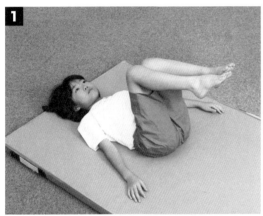

1. マットの上に仰向けになり、両脚を上げ、股関節と膝関節を曲げた状態で安定させる。
   * 脚を高く上げすぎて、この時点で体がねじれないように気をつける。
   * 膝が過剰に曲がらないように注意する。

2. 両脚を曲げたまま、体幹を片側にゆっくりと回旋していく。
   両脚を倒したら30秒保持する。
   * 体幹の後面が伸びるように行う。
   * 息をゆっくり吐きながら行う。
   * 回旋する側と反対側の肩は、マットから浮かないようにする。
   * 保持している間、呼吸は深く大きく行う。

反対側でも同様に行う。

第4章 運動指導法

```
運動要素
　柔軟性
　筋力
```

■ポイント

- 姿勢を維持した状態で，骨盤からひねるように体幹を回旋する。その時に，体幹の後面が伸びているのを感じる。
- 足の重みをコントロールしながら，ゆっくりした動作で行う。
- 体幹を回旋する可動域は，呼吸だけではなく，3次元的な力強い運動を行う時に必須になる。その柔軟性を改善することは，そのような運動の基礎能力を強化することにつながる。

■バリエーション

- 回旋する側と反対側の腕を頭部のほうへ伸ばしておくと，伸びた感覚をさらに感じることができる。

■注意

- 動作の間，呼吸を止めないように注意する。
- 回旋する側と反対側の肩がマットから浮かないように注意する。

39. フロントランジ

■目的

脚の筋力を強化し，柔軟性を高める。

■方法

1. 両足を肩幅程度に広げて立つ。
   片足を1歩前方へ踏み出す。
   * 両脚とも完全に伸びた状態にならないようにする。

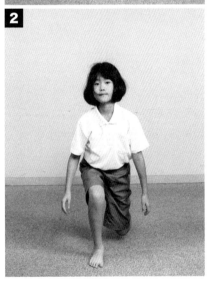

2. 両脚を曲げ，体を沈めていく。
   * 体幹は床に対して垂直に保つ。体幹が前屈しないように注意する。
   * ゆっくりとした動作で行う。
   * 後ろの脚が床に接触する手前ぐらいまで，深く曲げる。
   勢いをつけずにゆっくり1の姿勢に戻り，足を元の位置に戻す。

左右を変えて繰り返す。
10回から開始し，徐々に反復する回数を増やしていく。

第 4 章　運動指導法

> **運動要素**
> 　筋力
> 　柔軟性

■ポイント

- 殿部，大腿の筋（ハムストリングス，大腿四頭筋，内転筋群，股関節外旋筋），体幹の筋にも効果がある。
- 股関節，足関節の柔軟性も要求される。
- バランスがとれない時には，両手は自由に動かして構わないが，慣れてきたら腰に当てて行うとよい。
- スポーツ選手もよく実践する方法である。

■注意

- 動作2で，体を浅く沈めると（写真），脚の関節にかかる負担はかえって大きくなるので，注意する。
- 体を起こしていく時も，脚を完全に伸ばしてしまうと，関節にかかる負担が大きくなるので，注意する。

177

40. 縄跳び

■目的
運動のタイミングを合わせる。

■方法1

1. 指導者は縄を大きく回す。
2. 子どもはタイミングを見計らって縄に入り，ジャンプして，走り抜ける。
3. 縄に対して正対して走り抜けたり（a），横向き（b），後ろ向きに走り抜けるなど，いろいろな跳び方を行う。

■方法2

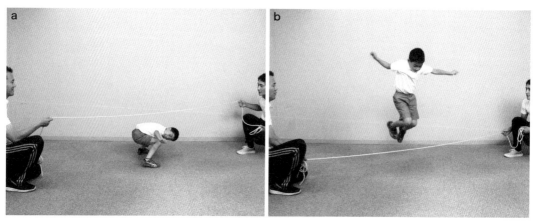

1. 指導者が縄をいろいろな高さに固定する。
2. 子どもは縄の高さを確認し，縄をくぐるか（a），跳び越えるか（b）を決めて通過する。

> 運動要素
> 　協調性
> 　運動イメージ
> 　瞬発力

■方法3

1. 指導者は，縄を地面につけた状態で揺らし，大きい波や小さい波をつくる。
2. 子どもは波の大きさを確認し，タイミングを見計らってジャンプして走り抜ける（a，b）。

■ポイント
- 1人で行う縄跳びも，指導者とともに行う縄跳びも，運動イメージや協調運動を鍛える。
- 指導者は，初めは一定のリズムで縄を動かす。子どもが慣れてきたら，縄を回す速さやリズム，波の大きさなどを変えて，難易度を調整する。
- 子どもが縄を跳び越えるタイミングをつかめない場合は，指導者が掛け声をかける。

■注意
- 縄に子どもの足が引っかかったら，指導者は縄を手放し，子どもが転倒しないように努める。

41. ヘッドボールバランス

■目的
物と自分の関係性を知る。

■方法1

1. 頭の上にボールをのせる。

2. パッと手を放し、ボールを落とさないようにバランスをとる。
   何秒間ボールをのせていられるかを計測する。

■方法2

可能であれば、手を放した状態で歩いたり、膝の屈伸をしたりする（a）。
難易度が高いため、ボールが落ちそうになったら手で支えることを許可し（b）、目的の場所まで何回ボールを触って到達したのかを数える。

第 4 章　運動指導法

運動要素
運動イメージ
バランス
協調性

■ポイント

- 両膝を曲げると，バランスをとりやすくなる。
- ボールの空気を少し抜いておくと，難易度が下がり行いやすくなる。
- 操作性の高い手ではなく，普段使用しない部位（頭）を使うことで，物と自己の関係性を知るとともに，普段行わない身体の動かし方から運動イメージを高める。

■バリエーション

- 方法 1 を立った状態で行うことが困難な場合は，座った状態で行うか，指導者がボールをセットしてもよい。
- 頭の上にボールを保つ課題は，物（ボール）の動きに対して素早く身体を動かすことで，ボールと身体の接触面を安定させる必要がある。頭の上にボールを保つことが難しい場合は，目的が少し異なるが，両腕を 90° 前に上げた状態で両側の上腕でボールを持ったり，頭と肩でボールを挟みバランスをとりながら歩いたりしてもよい。
- 段差や坂道などいろいろな地面を歩くことで，難易度を上げることができる。

42. 人から人への動作模倣

■目的

運動イメージを育てる。

■方法

1. 指導者と子どもは，向かい合って立つ。
   子どもは複数で一緒に行ってもよい。

2. 指導者は四肢，体幹を動かし，ポーズをとる。
   子どもは指導者をまねて，ポーズをとる。

3. いったん立位に戻り，異なるポーズを行う。

第 4 章　運動指導法

運動要素
運動イメージ
協調性

■ポイント

- 動作模倣の課題である。動作模倣は，子どもにとって容易な課題ではない。前提として，運動イメージが十分に育っていないと困難である。
- 動作模倣は，いくつかの手順で行われる。
    - ①子どもはまず，指導者のポーズを観察し，分析する。体幹・四肢の位置関係，各関節の角度として理解する。
    - ②次に，指導者のポーズを視覚イメージ化する。
    - ③自らの体幹・四肢の運動イメージと，指導者のポーズを重ね合わせ，自らの体幹・四肢を制御し，ポーズを再現する。
- 幼児では動作模倣が苦手な場合も多く，そのような場合には課題ポーズを容易なものとするなどして難易度を下げ，時間をかけて指導する必要がある。
- 動作模倣がうまくできない場合は，腕だけ，脚だけなど，ポーズ課題を簡略化する。
- 子どもに課題ポーズをさせ，これを指導者が模倣し，動作模倣を理解させる方法もある。
- 人形など，子どもにとって客観的な存在を介在させ，指導者のポーズを人形の姿勢を通して理解させる方法もある。

43. 鏡を使った動作模倣

■目的
運動イメージを育てる。

■方法

1. 全身が映る大きな鏡の前に、指導者と子どもが同じ姿勢で並ぶ。

2. 指導者は、四肢、体幹を動かし、ポーズをとる。

3. 子どもに、鏡を見ながらポーズをまねるよう指示する。
   子どもの模倣に不完全な部分があれば、口頭で、あるいは手を添えて修正する。
   最後に子どもに鏡を見させ、指導者と子どものポーズが同じであることを確認させる。

第4章 運動指導法

> 運動要素
> 運動イメージ

4. いったん立位に戻り、異なるポーズを行う。

■ポイント
- 運動イメージの課題である。運動イメージは、自らの体幹・四肢がどのような状態になっているのかを、頭の中で視覚的なイメージとして持つことである。子どもは、運動経験の中で、徐々にこの機能を成熟させる。
- 運動イメージの成熟は、動作模倣の基礎となる。スポーツなどで、目で見た運動を即座に再現できることは、非常に重要な要素である。
- 運動イメージでは、足先など、通常自ら視覚的に確認しづらい部分の状態も把握する必要がある。鏡の使用は、こうした自らの姿勢を確認させることが目的である。
- 子どもに自分自身のポーズと指導者のポーズを比較確認させることで、動作模倣へと発展させる。
- 運動イメージの成熟には年齢による差や個人差がある。それぞれの子どもの状態に合わせ、課題の難易度を変化させる必要がある。

44. 風　船

■目的

呼吸筋・腹筋を強化する。

■方法

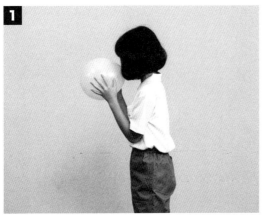

1. 手に風船を持ち，呼吸を整えて，息を大きく吸い込み，勢いよく風船に吹き込む。

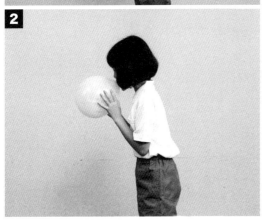

2. 続けて息を大きく強く吹い込み，風船に吹き込み，風船を膨らませる。

第 4 章　運動指導法

> **運動要素**
> 筋力

■ポイント

● 腹式呼吸を意識して行う。

● 息をしっかり吸い込むことが難しい場合は，初めに風船なしで息を吸い，長く吐くことを練習する。さらに，口をすぼめてゆっくりと長く吐く練習をする。

● 継続して息を吐き続けることが難しい子どもも多い。息を吐き切ってから大きく吸う練習を行うとよい。

■バリエーション

● 風船を膨らませることができたら，風船に息を吹き込みながら，足上げ運動などを組み合わせる方法もある。腹部の筋を働かせながら運動を行うことで，体幹筋を働かせながらの運動の学習につながる。これは近年，スポーツ選手の練習でも取り入れられている。

187

45. 押すだけ相撲，背面相撲

■目的
人と自分の力関係を知る。

■方法1

1. 2人の子どもが向かい合って立つ。
   開始前に，互いの肩に手を置き，腰を低くしておく。
2. 開始の合図とともに，押し出すだけの相撲を行う（**a**）。
   引いたり，押されるのをかわしたりしない。
3. 相手を土俵から押し出したほうの勝ちとする（**b**）。

■方法2

1. 2人の子どもが背中合わせに立つ。
   開始前に，互いの背中をくっつける。
   腕を組んでもよい。
2. 開始の合図とともに，押し出すだけの相撲を行う。
   引いたり，押されるのをかわしたりしない。
3. 相手を土俵から押し出したほうの勝ちとする。

> 運動要素
> 　筋力
> 　筋持久力
> 　バランス

■ポイント

- 土俵はマット 1 枚分の大きさを目安に決めるとよい。
- 通常の相撲とは異なり，転ばせることで勝敗を競うのではない。
- 相手と自分の押す力を感じながら，相手を斜め上や斜め下に押したり，押すタイミングの駆け引きを行う。
- 方法 2 では，殿部だけをくっつけて押し合ってもよい（写真）。

■注意

- 一生懸命押しすぎると，転倒につながることがある。指導者は周囲の安全に配慮するとともに，危険な時は制止する。
- 小さな子どもは膝を伸ばし腰が高い位置から始めることが多い。重心の位置が高いと，強い力を発揮することが難しく，バランスも崩しやすい。できるだけ膝を曲げ，低い姿勢で力を出すことで，自らも倒れにくくなり，相手の力をより感じやすくなる。
- 体型の違いにも注意する。できるだけ同じくらいの体型の子どもどうしで行うことが望ましい。

46. 足指運動

■目的
足指の動きをよくし，バランスを向上させる。

■方法

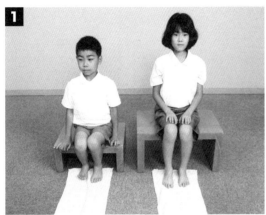

1. 椅子に座り，床にタオルを敷いて，両足をのせる。

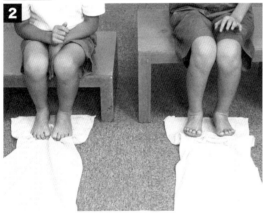

2. 両足の指を協調して働かせ，タオルを手繰り寄せる。

> **運動要素**
>   筋力
>   協調性

■ポイント

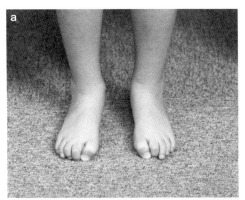
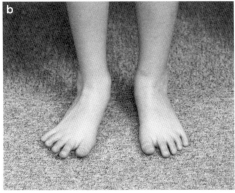

- 足指の動きだけで行う。膝の曲げ伸ばしを使わないように注意する。
- 指を大きく開いて伸ばし，遠くのタオルをつかんで，指を曲げるように指示すると，成功しやすい。
- タオルの手繰り寄せが難しい場合は，指のグーパー運動から開始するとよい。指をしっかり曲げて集め（a），一斉に開いて伸ばす（b）運動をゆっくり繰り返す。指1本1本がしっかりと開き，閉じる動きをできるようにし，徐々に過剰な力が入らない大きな運動になるようにしていく。

47. バランススクワット

■**目的**

全身の協調性を向上させ，体幹・脚の筋力を強化するとともに，バランスを安定化させる。

■**方法**

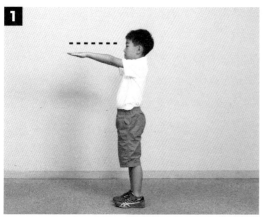

1. 両足を肩幅に開いて立つ。
   両腕を胸の前に，床と平行になるよう伸ばす。
   顔は前方に向ける。

2. 膝をゆっくり曲げていく。
   顔は前方に向けたまま，両腕は床と平行に保つ。
   最終的に，大腿が床に対して平行になるところまで腰を落とす。

3. ゆっくりと，元の姿勢へ戻る。

1～3を5～10回繰り返す。

第4章 運動指導法

> **運動要素**
> 協調性
> 筋力
> バランス
> 運動イメージ

■ポイント
- 両腕の状態を維持するという静的なコントロールと，膝を曲げるという動的なコントロールを協調して行う。
- 膝を十分曲げ，大腿が床と平行になるまでしゃがみこむ動作をゆっくり行うことは，筋力とバランスを必要とする。

■注意

- 初めの姿勢で，両腕を床と平行な状態にすることが重要である。運動イメージが未熟な場合は，自分の姿勢を客観的にコントロールすることが困難である（a）。このような場合は，指導者があらかじめ指導して，姿勢をつくる。
- ゆっくりした動作で膝を曲げると，このことに注意が向き，両腕の状態が不安定になることがある。両腕を床に対して平行に保つことが重要なので，膝を曲げる動作の中で腕が下がってしまったり，顔が下を向いてしまう場合には（b），指導者が手を添えて指導する。

193

48. サイドブリッジ

■目的
体幹深部筋を強化することで，姿勢の安定性を向上させる。

■方法

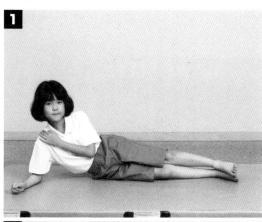

1. マットの上に横向きに寝る。
   下側の肘を立て，前腕を体の前へ伸ばす。
   上側の手は反対側の肩に置く。
   両脚を伸ばし，下側の足を上側の足のすぐ前に置く。

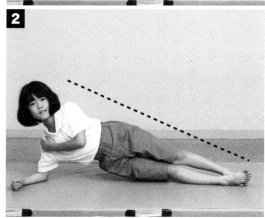

2. 腰をマットから持ち上げ，脊柱，骨盤，脚を一直線になるよう保つ。
   この状態を10〜20秒維持し，腰をマットへ下ろす。

5回行った後，反対側で同じ動作を行う。

運動要素
筋力
バランス

■ポイント
- この姿勢を保つためには，体幹の表面の筋と，深部の筋が協調して働く必要がある。
- 体幹筋，特に深部の筋が弱いと，サイドブリッジ姿勢が不安定になる。練習を繰り返すことで体幹筋が強化され，姿勢が安定してくる。サイドブリッジ姿勢の安定は，座位や立位，動的な姿勢の安定の基礎となる。

■注意

- 腰を上げた時に，骨盤を後方へ引いたり前方に出したりして，体幹が曲がらないように注意する（a）。
- ねじれがないように（b），顔，胸，腹部，骨盤が前方を向くよう指導する。
- 姿勢保持が困難な場合は，指導者が初めに正しい姿勢をつくり，これを保持するように指導する。

49. スクワットジャンプ（カウンタームーブメントジャンプ）

■目的
下半身の筋力と協調性を高める。

■方法

1. 両腕を前へ伸ばして立つ。

2. 両膝を曲げてスクワット動作をする。

3. 両手を真上に上げながら，できるだけ高くジャンプする。

連続して10回行う。

第 4 章　運動指導法

> **運動要素**
> 　筋力
> 　協調性

■ポイント
- 両膝を曲げ，しっかり溜めをつくって，高くジャンプする。腕も合わせて協調的に動かすことで，高くジャンプすることができる。
- 連続して行うと，徐々に小さい動きになりやすいので，毎回できるだけ高くジャンプすることを心掛ける。
- 連続してジャンプするためには，真上にジャンプする必要がある。
- 体幹が安定していないと，連続してジャンプすることができない。

■注意

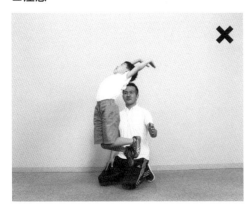

- ジャンプした時に体幹が弓状に反ると（写真），着地時の姿勢が不安定になる。体幹が反らないように注意する。

50. リズミカルサイドステップ

■目的

全身のバランスと協調性を向上させる。

■方法

1. 床にテープなどでラインを1本引く。子どもはラインの横に立ち、ラインと反対側にある足を上げて片脚立ちになる。

2. 足の外側へ斜め前にジャンプし、ラインを跳び越える。

3. 足を素早く代えて、反対側の足で斜め前にジャンプし、ラインを跳び越える。

第4章　運動指導法

> 運動要素
> 　筋力
> 　バランス
> 　協調性

4. ジャンプを繰り返して，前方へ移動する。

連続して5〜10回行う。

■ポイント
- ジャンプした時にバランスを崩しやすい場合は，体幹の安定性が不足しているので，片脚立ちの練習を行う。片脚立位の姿勢で安定したら，サイドステップジャンプ1回の練習を繰り返す。腕でバランスをとらずにジャンプできるようになれば，体幹の安定性が向上してきたとみることができる。
- 連続してできない場合は，1回ごとに止まって行う。慣れてきたら，連続してリズミカルに行う。

■バリエーション
- 足の内側へジャンプするインステップジャンプで行う方法もある。

51. ライオン運動

■目的

全身の筋力と協調性を高める

■方法

1. 高這いの姿勢をとる。
両手・両足を広げる。

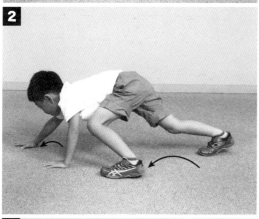

2, 3. 右手と左足，左手と右足を交互に出して，基本姿勢を維持しながら前進する。
   * 10 m を移動するところから始める。
   * 速さを求めるのではなく，1つひとつの動きを大きく行うことに重点を置く。

第4章　運動指導法

> **運動要素**
>   筋力
>   柔軟性

■**ポイント**

- 高這いの姿勢を常に維持し続ける。

- 柔軟性も必要とされる。

- 足を前方へ出す時には，股関節を大きく曲げて，前方へ振り出すようにする。

- 右手と左足，左手と右足の交互運動をリズミカルに行い，前方へ移動する。

■**注意**

- 殿部をつき出したような姿勢にならないように注意する。

- 小股にならないよう，股関節をできる限り大きく曲げて前進する。

201

52. ニージャンプ

■目的
全身の筋力と協調性を高める。

■方法

1. マットの上に膝立ちになり，下腿をマットにつける。

2. 両腕を振り，股関節と膝関節を曲げて，ジャンプする。
   * ジャンプする前に，股関節を曲げてしっかりとした溜めをつくる。
   * 両腕を振り上げるとともに，股関節を素早く曲げる。

3. バランスを崩さないようにしながら，両足底面が接地するように着地する。
   * 転倒しそうであれば，手をついてもよい。

1〜3を10回繰り返す。

第4章　運動指導法

> **運動要素**
> 筋力
> 協調性

■ポイント
- 通常，立った状態でのジャンプには，殿部や大腿の前側，ふくらはぎの筋がタイミングよく協調的に使われる。この運動は殿部の筋と大腿の前側の筋をより力強く活動させる必要がある。床から脚が離れた瞬間に素早く両脚を曲げて着地する必要があるため，股関節を曲げる作用のある大腰筋や腸骨筋（腸腰筋，図 4-5）が使われる。
- 体幹の安定性も重要な要素になる。
- ジャンプすることが難しければ，膝立ちの状態でその場で両腕を振り上げ，同時に体を伸ばす協調性の練習を事前に行う。
- マット上で行う場合は，マットが動かないように壁に固定しておくとよい。

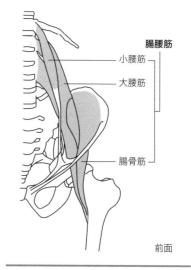

図 4-5　腸腰筋
(中村尚人 編著：コメディカルのためのピラティスアプローチ，ナップ，2014 より引用)

■注意
- 膝立ちからジャンプする際に後方に転倒しやすいため，周囲の安全に気をつける。
- ジャンプ動作の時に素早く強い力を発揮するため，息を止めて行いやすい。ジャンプ動作の時に息を止めないよう気をつける。

53. クモ人間運動

■目的
全身のバランスと筋力を高める。

■方法

1. 高這いの姿勢をとる。
   左右の足を大きく開く。

2. 回転側の腕を脚の後ろに回し,床に手をつく。

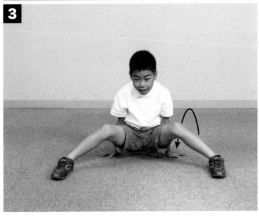

3. 片手が後ろについたら,もう一方の腕も後ろに回し,床に手をつく。

運動要素
筋力 バランス 協調性

4. 両手が後ろについたら，最初に移動した手を体の前につき，その手で支持して，もう一方の手も前に戻し，1の姿勢に戻る。

反対回りも行う。

■ポイント
- リズミカルに，できるだけ素早く行う。
- 殿部が床についても続けて行う。
- 姿勢変換時に1回ごとに姿勢が崩れないように，体を支持する。

■注意
- 動きが1回1回止まらないように注意する。

205

54. モンキーウォーク

■目的

下半身の筋力を強化する。

■方法

1. 両膝を少し曲げた中腰の姿勢をとる。腕は、肘を軽く曲げて構える。

2, 3. 中腰姿勢を保ったまま、腕を振りながら、通常の歩行動作と同じように、左右の足を交互に前へ出す。
    * 中腰姿勢を維持して、頭の位置が変化しないようにする。そのためには、足を踏み出す時に股関節を曲げることを意識する。

第4章　運動指導法

> **運動要素**
> 　筋力
> 　協調性

■バリエーション

- 頭の上にお盆などをのせて落とさないように歩くと，楽しみながらトレーニングすることができる。
- 床に線を引き，その上をはみ出さないように歩いたり，平均台の上を歩いたりすることで，難易度を上げることができる。

■注意

- 膝が伸びないように，また突っ張った姿勢にならないように注意する。
- 歩行のリズムが崩れないように，連続して行う。
- 徐々に体幹が前傾しやすくなるので（写真），床に対して垂直になるように心がける。

索　引

▶あ行

アーチ　54
仰向け　106
握力　76
握力計　76
足関節　169
足関節捻挫　49
足首の柔軟運動　168
足指運動　190
遊ぶ空間　38
安定性　9

位置覚　15
一次体性感覚野　18
一人称的イメージ　20
イメージ　137

ウィンドラス機構　54
腕　100
腕立てジャンプ　132
運動イメージ　18, 19, 29, 119, 125, 127,
　138, 139, 143, 145, 179, 181, 183, 185,
　193
運動覚　16
運動感覚　15
運動器検診　65, 71, 72, 90, 169
運動計画　19
運動経験　185
運動失調　24
運動習慣　35
運動スキル　58
運動発現　22, 23
運動発達　6
運動分解　25
運動野　17
運動リズム　132
運動量　38

エフェレンス写　21
遠心性コピー　21

▶か行

オーバーユース症候群　53
オープンループ制御　2, 7, 14
押すだけ相撲　188

臥位　106
回旋　175
回旋運動　174
外反筋　113
外腹斜筋　10, 11
カウンタームーブメントジャンプ　196
踵荷重　113
鏡を使った動作模倣　184
可逆性　28
核家族化　41
片脚立ち　6, 90, 105
肩関節　172
活動量計　95
活力　37
下半身　104, 151
感覚　14, 17
感覚運動期　26
感覚野　17

技術指導　39
キック動作　8
客観的　183
弓状　137
協応性　77, 82, 83, 87, 88
協調運動　23, 143, 179
協調運動障害　22, 23
協調収縮不能　26
協調性　22, 101, 103, 105, 107, 109, 111,
　113 ～ 115, 117 ～ 119, 121, 125, 127 ～
　131, 133, 135 ～ 137, 139, 141, 143,
　145, 147, 151, 179, 181, 183, 191, 193,
　197, 199, 203, 205, 207
協調的動き　57
協調的動作　121, 127
協働収縮不能　25
曲走路　83

筋　9
筋感覚的運動イメージ　20
筋緊張低下　26
筋骨格系　35
筋持久力　78, 81, 129, 149, 151, 189
緊張性迷路反射　3
筋パワー　77, 87, 88
筋紡錘　16
筋力　44, 82, 83, 101, 103, 105, 107, 109,
　111, 113, 115, 117, 121, 125, 129, 141,
　149, 151, 153, 175, 177, 187, 189, 191,
　193, 195, 197, 199, 201, 203, 205, 207

空間　42
空間的身体図式　57
具体的操作期　28
靴　53
クモ人間運動　204
クローズドループ制御　1, 14
グローバル筋　9, 10

形式的操作期　28
傾斜　140
肩関節　172
肩関節周囲筋　103
肩甲骨　102, 157, 173
原始反射　3
腱紡錘　17

交互運動　201
広背筋　10, 11
後方保護伸展反応　5
後方立位平衡反応　5
コーン　144
股関節　115, 117, 153, 162, 164, 201, 202,
　206
股関節外旋筋　177
股関節の柔軟運動　162, 164, 166
呼吸　153, 155, 161, 175, 186
呼吸機能　91
呼吸筋　186
腰　101
50 m 走　83
骨折　52
骨盤　148, 165, 173
骨盤前傾　161
固有感覚　15
ゴルジ腱器官　17

▶さ行
座位　6, 108
最大筋力　76
最大酸素摂取量　55
最長筋　10
サイドステップジャンプ　199
サイドブリッジ　125, 194
坐骨結節　75
三間　41
三人称的イメージ　20

シェム　26
視覚　143, 145
視覚（的）イメージ　29, 183
視覚的運動イメージ　20
時間　42
持久力　91
視空間認知　96
四股　162
指床間距離　73
姿勢制御　1
姿勢反射　2, 3, 6
膝蓋骨　141
膝関節　115, 202
疾病および関連保健問題の国際統計分類　31
脂肪量　45
シミュレーション　19
ジムボール　100, 104, 106, 108, 110
ジムボールバランス　104, 106, 108, 110
しゃがみ込み　71, 72
シャトルラン　91
ジャンプ　6
ジャンプタッチ　128
習熟　57
舟状骨　55
重心移動　112
自由神経終末　15
集中　137
柔軟運動　164, 166, 168
柔軟性　70, 71, 123, 153, 155, 157, 159,
　161, 163, 165, 167, 169, 171, 173, 175,
　177, 201
柔軟性体操　43
重量覚　16
瞬発力　127 〜 129, 133, 145, 179, 130,
　131, 135 〜 137, 146, 147
上体起こし　81
踵殿間距離　75
踵殿テスト　75

小脳　23
上半身バランス　100
除脂肪量　45
触覚盤　15
尻上がりテスト　75
身体コントロール　58
新体力テスト　35, 65, 73, 76, 77, 81, 83,
　85, 88, 91
身長　61
心肺運動耐容能　55
深部感覚　15
深部筋　109, 195

随伴運動　25
睡眠時間　40
スキャモンの成長曲線　56
スクリーンタイム　46
スクワット　104
スクワットジャンプ　196
スタビリティワンハンドローイング　102
スタンディングスタート　84
ストレートバランスタッチ　122
ストレス耐性　37
ストレッチ　152, 154, 156, 158, 160
相撲　188
スラローム　144

生活習慣　40
生活習慣病　37, 46
精神障害の診断と統計マニュアル　31
静的コントロール　193
静的バランス　112
セカンドインパクト症候群　50
赤筋　12
脊髄小脳　24
脊柱起立筋　11
脊柱の伸展運動　170
背中　156
背骨体操　172
前脛骨筋　113
全身協調性　144
前操作期　27
全体構造　28
前庭小脳　24
前方保護伸展反応　5
前方立位平衡反応　5

走行　6
痩身傾向児　64

足関節　169
足関節捻挫　49
速筋　13
足指運動　190
測定異常　25
測定過大　25
足底把握反射　3
足底板　54
速度　82
足部変形　53
側方保護伸展反応　5
側方立位平衡反応　6
外遊び　39
ソフトボール　87
ソフトボール投げ　88

▶た行
体幹　9, 101, 102, 122, 131, 152, 153,
　166, 174, 176, 197, 199
体幹筋　9, 107, 109
体幹深部筋　124, 194
体幹の安定性　116
体幹の回旋運動　174
体支持持続時間　79
体脂肪率　48
体重　62
対称性緊張性頸反射　3
体性感覚　14, 20, 21
体性感覚連合野　18
体前屈　73
大腿　161, 166
大腿外側　158
大腿筋膜張筋　159
大腿後面　160
大腿四頭筋　177
大腿前面　154
大腿直筋　155
ダイナミック　115, 151
大脳小脳　24
大脳皮質　18
タイプⅠ線維　12
タイプⅡ線維　12
タイミング　179, 189, 203
体力向上　39
タオル　190
高這い　201
立ち直り反応　3, 4
立ち幅跳び　77
多裂筋　12

211

断続運動　25

知覚運動ループ　21
遅筋　12
中腰姿勢　206
中指－中指間距離　70
注目　147
長座位　126
長座体前屈　73，75
朝食　40
調整力　56
腸肋筋　10
直走路　82，83

つかまり立ち　6
伝い歩き　6

定頸　6
抵抗覚　16
手押し車　150
テニスボール　87，142
テニスボール投げ　142
伝達経路　17
転倒　43
殿部　168，205
テンポ　135

投球動作　143
頭頸部外傷　49
動作模倣　29，125，182〜185
動的コントロール　193
動的バランス　114，134，144，146
糖尿病　46
頭部の立ち直り反応　4
都市化　41
ドリブル　144

▶な行
内化　28
内転筋群　177
内反筋　113
内腹斜筋　10，11
仲間　42
投げる　157
縄跳び　178

ニージャンプ　202
二極化　36
二重課題　121

25ｍ走　82
2点閾値　18
認知　26

布メジャー　73，75

寝返り　6

脳　17
脳振盪　49，50
脳由来神経栄養因子　56

▶は行
バードドッグ　124
ハイハイ　43
背部筋　10，12
背面相撲　188
白筋　13
梯子　134
走る　157
パチニ小体　14，17
発達障害　18，31
発達性協調運動障害　30，31
ハムストリングス　177
バランス　90，100〜109，111〜115，117
　　〜119，121〜123，125，133，135，141，
　　143，145，147，149，169，181，189，193，
　　195，199，205
バランス感覚　108，110
バランス機能　58，90
バランススクワット　192
バランスディスク　112，140
バランスディスクトレーニング　140
バランスディスクバランス　112，114，116
バランス能力　44
半臥位　110
ハンドボール投げ　88
反復拮抗運動不能　25
反復横跳び　85

ピアジェ　26
飛行機　148
膝関節　115，202
膝立ち　139
非対称性緊張性頸反射　3
人から人への動作模倣　182
腓腹筋　113
肥満　37，45，48
肥満傾向児　64

肥満度　64
肥満度分類　63
表在感覚　14
標準体重　64
ヒラメ筋　113
疲労骨折　53
敏捷性　84，85

フィードバック　14，15，17，20，21
フィードバック制御　1
風船　186
腹横筋　12
腹式呼吸　187
腹直筋　10，11
腹部筋　10，12，117
２つのボールドリブル　138
不変量　28
フラフープ　118
プログラミング　19
フロントランジ　176

平衡反応　4
米国精神医学会　31
ヘキサゴンジャンプ　130
ヘッドボールバランス　180
変形性膝関節症　48
扁平足　54

ボールキック動作　7
ボールキャッチ　126
ボールスピード　8
ボールタッチ　146
ボールドリブル　138
ボール投げ　87
捕球　89，143
捕球動作　143
歩行　6
歩数　95
歩数計　95

▶ま行
マイスナー小体　14
前とびのり　120
まねっこ運動　136

メタボリックシンドローム　36，45
メルケル細胞　15

毛包受容体　14

模倣発達　29
モンキーウォーク　206

▶や行
有酸素性トレーニング　55

幼児期運動指針　94
幼児の運動能力調査　77，78，82，84，87，89
陽性支持反応　3
腰痛　133，171
夜型　41

▶ら行
ライオン運動　200
ラダートレーニング　134

リズミカル　205
リズミカルサイドステップ　198
リズム　139，179，207
離断性骨軟骨炎　50
立位　6，104
両足連続跳び越し　84

ルフィニ終末　15，17

ローカル筋　9，12
ロコモティブシンドローム　36，42

▶欧文索引
adiadochokinesis　25
adventitious movement　25
asymmetrical tonic neck reflex　3
asynergia　25
ataxia　24

backward equilibrium reaction in standing
　　position　5
backward parachute reaction　5
BMI（Body Mass Index）　61，63

Child SCAT 3　50
cognition　26

DCD（developmental coordination disorder）
　　30
decomposition　25
DSM（Diagnostic and Statistical Manual of
　　Mental Disorders）　31
DSM-5　32

dysmetria 25

efference copy 21
equilibrium reaction 4

foot grasp reflex 3
forward parachute reaction 5
forward equilibrium reaction in standing
    position 5
free nerve ending 15

hair-follicle receptor 14
head righting reaction 4
hypermetria 25
hypotonia 26

ICD–10（International Statistical Classification
    of Diseases and Related Health Problems,
    10th revision） 31
iliocostalis 10

kinesthesia 15
kinesthetic motor imagery 20

latissimus dorsi 10
longissimus 10

Meissner's corpuscle 14

Merkel's cell 15
METs（metabolic equivalents） 94
multifidi 12

obliquus externus abdominis 10

Pacinian corpuscle 14
plantar grasp reflex 3
positive supporting reaction 3
primitive reflex 3
proprioception 15

rectus abdominis 10
righting reaction 3, 4
Ruffini ending 15

SCAT 3（Sport Concussion Assessment Tool,
    3rd edition） 50
sideways equilibrium reaction in standing
    position 6
sideways parachute reaction 5
symmetrical tonic neck reflex 3

tactile disk 15
tonic labyrinthine reflex 3
transversus abdominis 12

visual motor imagery 20

■著者紹介

新田　收（にった　おさむ）：首都大学東京大学院人間健康科学研究科教授。博士（工学），理学療法士，Jazz Bassist。

1979 年　日本大学芸術学部文芸学科卒業
1981 年　Berklee College of Music Certificate
1986 年　東京衛生学園専門学校卒業
1997 年　日本大学大学院理工学研究科医療・福祉工学　博士後期課程修了

松田　雅弘（まつだ　ただみつ）：城西国際大学福祉総合学部理学療法学科准教授。博士（理学療法学），理学療法士。

2004 年　東京都立保健科学大学健康福祉学部理学療法学科卒業
2009 年　首都大学東京大学院人間健康科学研究科　博士後期課程修了

楠本　泰士（くすもと　やすあき）：東京工科大学医療保健学部理学療法学科講師。博士（理学療法学），理学療法士。

2008 年　東京都立保健科学大学健康福祉学部理学療法学科卒業
2016 年　首都大学東京大学院人間健康科学研究科　博士後期課程単位取得後退学

●写真モデル

神尾　郁花

神尾　健太

子どもの発達から考える運動指導法
体力と運動能力を伸ばすプログラム

（検印省略）

2018 年 5 月 22 日　第 1 版　第 1 刷

著　者	新田　　收	Osamu Nitta
	松田　雅弘	Tadamitsu Matsuda
	楠本　泰士	Yasuaki Kusumoto
発行者	長島　宏之	
発行所	有限会社ナップ	

〒 111-0056　東京都台東区小島 1-7-13 NK ビル
TEL 03-5820-7522 ／ FAX 03-5820-7523
ホームページ　http://www.nap-ltd.co.jp/

印　刷　三報社印刷株式会社

Ⓒ 2018　Printed in Japan

ISBN 978-4-905168-54-6

JCOPY 〈（社）出版者著作権管理機構 委託出版物〉
本書の無断複写は著作権法上での例外を除き禁じられています。複写される場合は，そのつど事前に，（社）出版者著作権管理機構（電話 03-3513-6969，FAX 03-3513-6979，e-mail: info@jcopy.or.jp）の許諾を得てください。